Descubre cómo las pérdidas son parte de Su plan.

Mujer con destino

Leyza Reyes Cotto

Creadora de *Temporadas por Leyza Reyes*

Dedicatoria

A ti, mi hijo, Yiam Lemuel, tan pequeño y con tanta fuerza en tu mirada y tus palabras. Aquí hay 10 años de historias en la vida de tu mami, de los cuales 9 años has estado presente. Gracias por apoyarme desde que te comenté que haría este libro. Gracias porque a tan corta edad me sostuviste la mano y me abrazaste en esos momentos en que las fuerzas ya no me daban. Tu fe y tu sonrisa me decían: "mami no te rindas, te necesito". Eres el mejor regalo que Dios me ha dado.

A mi hermana Jania Liz, mujer fuerte y determinada. Asumiste la batuta de la familia como toda una guerrera. Luchaste por nosotros para que estuviéramos bien. ¡Lo lograste! Gracias por ser la madre de todos, hasta de nuestros padres durante su tiempo en la Tierra. Tu vida vale mucho para mí. Eres la mejor "sister" del mundo.

A mi hermano Andrés Omar, mi mejor amigo desde que nací. Juntos nos dábamos seguridad y cuidado, aún los hacemos a la distancia. Ver hasta donde has llegado me llena el corazón de alegría y de un profundo agradecimiento. Ustedes, mis hermanos, son el mejor regalo que nuestros padres me dejaron. Juntos conocimos el dolor de la pérdida de nuestros padres y juntos, con el Espíritu Santo, la hemos aprendido a sobrellevar. ¡Los amo!

A mis cuñados, José y Maynellies, ustedes soportaron ver a sus amados sufrir el dolor de nuestras pérdidas. Ver el cuidado de Dios a través de su amor a hacia mis hermanos me llena el corazón de un profundo agradecimiento hacia sus vidas. ¡Gracias por estar siempre!

A Marta, Josué y Blanca, nos tocó vivir momentos duros, pero ustedes siempre estuvieron ahí. Recuerdo que Josué me dijo un día: "no estás sola, estamos juntos en esto". Tus palabras me dieron seguridad, ¡gracias!

A la Familia Reyes Cotto, la mejor familia del mundo. ¡La mía!

Agradecimientos

Agradezco a mi Padre celestial, quien me creó, me diseñó y me dio propósito. A Jesucristo, quien salvó a la humanidad y hoy somos bendecidos a través de Su vida en nosotros. Agradezco a mi amigo el Espíritu Santo, quien en los momentos de soledad, me abraza, me seca las lágrimas y me levanta. He aprendido que las temporadas no son eternas, sino tiempos de aprendizaje. Mi corazón siempre estará agradecido por tu cuidado.

Agradezco a mi esposo, por enseñarme con su modelaje la determinación y valentía de un líder. He conocido el amor del Padre a través del nuestro. ¡Te amo!

Agradezco a mi familia, nunca nos han soltado. ¡Los amo!

Agradezco a mi amiga Linoshca, quien siempre tiene una palabra de confrontación, dirección y amor. Eres de esos ángeles que Dios pone para ayudar a cumplir los propósitos de otras personas. ¡Gracias por tu apoyo!

Agradezco a mis apóstoles y todo el equipo de pastores de Casa de Adoración y Restauración, atesoro y aplico cada palabra de parte de Dios enseñada a través de ustedes. Llegué siendo una tierra árida y seca, hoy soy un jardín lleno de esplendor. ¡Gracias!

Agradezco a cada uno de los niños y familia que he tenido la oportunidad de impactar a nivel profesional.

Verlos florecer me demuestra que el depósito de Dios en mí está teniendo efecto en otros. Los amo, mis niños.

Agradezco a cada una de las personas que fueron parte de mi vida en medio de mis procesos, aunque hoy quizás no tenga contacto con ustedes. Gracias por sus palabras, abrazos y detalles para con mi familia y conmigo. Hay hermosas acciones del corazón que ningún tiempo prolongado hará que las olvide. ¡Ustedes saben quienes son! Mis respeto y cariño.

Agradezco a todos los que han apoyado al proyecto de Temporadas. Seguiremos enfocados en traer una palabra que sale del corazón de Dios.

¡Vivo agradecida de mi identidad en Cristo y quiero que el mundo lo sepa!

Su servidora,
Leyza J. Reyes Cotto

Muchas veces llegamos al Padre destruidos por la vida, sin rumbo, sin un destino. Lo que antes tenía sentido ya no lo tiene. Llegamos quebrados, frágiles, heridos, como barro sin forma. Y Él, con Su amor y misericordia, nos invita a Su taller, el taller del alfarero.

Entonces, cuando decidimos entrar y entregarnos en Sus manos, Él nos pone en la rueda y empieza, con admiración y pasión, a darnos forma. Comienza a materializar lo que ya había pensado, porque Él no nos ve de la manera en que llegamos, Él nos ve como un producto terminado… con un destino ya pensado.

Solo quien ha experimentado estar en la rueda del alfarero puede hablar del dolor de ser moldeado, del proceso de ser quebrantado y del calor del horno de fuego. Así mismo, da testimonio del resultado, puede mostrarse como una vasija de honra digna de admirar y emular.

Mujer con destino nace de las vivencias de una mujer procesada que plasma, de manera real y apoyada por la Palabra, cada etapa de su proceso, cómo va descubriendo su identidad en Cristo y las riquezas que hay dentro de ella. Te mostrará sus cicatrices, las cuales le recuerdan que estuvo herida, pero Dios, quien es fiel, la sanó.

La esencia de este libro te llevará a identificarte de alguna manera con su autora y sus vivencias. Te llevará a que examines tu interior y a que tengas la certeza de que, sin importar lo que veas o cómo te sientas, ni las decisiones que hayas tomado o circunstancias a tu alrededor, tu Padre, tu Salvador estará a tu lado siempre y cuidará de ti hasta cumplir Su propósito.

Entre más te sumerjas en sus páginas, entenderás que Dios nunca consultará tu pasado para determinar tu destino. Que Él no te juzga, pues te ama tal cual eres. Verás cómo Él sana tus heridas, seca tus lágrimas, borra tu pasado, abre tus ojos y te muestra Sus planes, los cuales son mejores que los tuyos. Sobre todo, entenderás que Su gracia es suficiente y Su poder se perfecciona en tu debilidad. Que solo tienes que rendirte en Sus brazos, permitirle que te arrope con Su amor, tome tu vida y te moldee como barro en manos del alfarero.

Te invito a que en cada capítulo te deleites. A que te permitas ser ministrada por cada experiencia y te veas como Él te ve. ¡Su obra maestra! Obra que exhibirá para Su gloria. Así podrás disfrutar la manifestación de lo que Él ya destinó para ti y todos pondrán ver que eres una *MUJER CON DESTINO*.

Lymari Cruz Bigio
Apóstol de la Iglesia Casa de Adoración y Restauración
de San Juan, Puerto Rico.

Contenido

Prólogo

Escribir un libro en que se abre el alma es un verdadero reto de fe, confianza y completa dependencia de Dios. Todos tenemos una historia y Leyza también la tiene. A pesar de que quienes la conocemos siempre la vemos con un sentido del humor contagioso, con una risa maravillosamente estruendosa y una personalidad altamente jovial, ella ha atravesado por el dolor. Sin embargo, ha podido sacar lo mejor de esa historia, no solo para ella, sino también para ti. Creo que al terminar las páginas que tienes en tus manos podrás decir frente a todo lo que has vivido: ahora entiendo, yo soy una mujer con un destino profético.

Mi esposo y yo conocimos a Leyza a través de nuestro hijo Adrián Emmanuel. Nosotros estamos convencidos de que nada en la vida ocurre por casualidad y que todo es parte de un plan que lleva a un propósito perfecto. Hemos crecido juntos en la tarea divina de guiar a Adrián al desarrollo de todas sus capacidades posibles y las imposibles también. Entendemos que hay dos formas de vivir: una es no creyendo en los milagros y la otra es estar convencidos de que todo es un milagro. Ciertamente hemos decidido vivir en lo sobrenatural de Dios. Toda nuestra vida lo es… ¡para Su Gloria! Ahí es donde entra Leyza.

Como terapista del habla, Leyza ha logrado lo posible y lo imposible con nuestro hijo. ¡Qué gran diferencia se refleja en los frutos de los profesionales que se depositan en las manos de Dios sus trabajos! Ella es el ángel de nuestro hijo aquí en la tierra. ¡Él ve luces por ella! Le dice: "mi Leyza". Los niños saben mucho del interior de las personas, nunca se equivocan cuando se trata de hacerle radiografías al alma.

Recuerdo el día en que hablábamos de que escribiera un libro. Su testimonio impactante tiene demasiadas cosas que ofrecer. Me siento muy emocionada con este maravilloso material. Estoy segura de que Dios te hablará por medio de cada palabra.

Leyza, con un lenguaje claro, sencillo y sincero nos describe los momentos más íntimos y dolorosos de su vida. Hay experiencias, con las que, sin duda, te sentirás totalmente identificada. Creo que en estas páginas podrás afirmar, lo mismo que yo: es imprescindible vivir bajo la cobertura de Dios, porque eso es lo que marca la diferencia en la actitud que asumimos frente a las peores tragedias de la vida y a todo lo que nos sucede de manera inesperada.

Como terapeuta por más de 20 años he visto mujeres con una alta capacidad intelectual, creativas, con dones y hasta con llamados ministeriales poderosos, pero con un problema en el manejo de las emociones; y se destruyen ante los procesos dolorosos de la vida. Cuando llegamos a comprender que no debemos quedarnos atrapadas ni estancadas en los sufrimientos logramos entrar en la plenitud de Dios. Alcanzamos nuestro destino.

A través de este milagroso libro podrás convencerte de que lo más importante no es lo que hemos enfrentado, ni las pérdidas que hemos atravesado, ni las cosas que nos han hecho, sino lo que hacemos con lo que nos ha sucedido y la razón por la que Dios lo permite. Ante lo que puedas estar enfrentando hoy, serás inspirada y motivada a superar las crisis en lugar de quedarte tirada en el suelo. Encontrarás el camino de la esperanza. Un rayo de luz te hará saber que Dios te levanta y te está posicionando.

Destino profético implica "proceso". Uno de los conceptos que todos debemos internalizar en los tiempos difíciles y de sanidad emocional es este. El proceso es el conjunto de fases sucesivas, una detrás de la otra, que enmarcan la vida misma. Es una herramienta eficaz que, unida al tiempo de Dios, es utilizada para moderar nuestro carácter y tratar con nuestro temperamento. En el proceso, mis amadas hermanas, es que descubrimos de qué material estamos hechas. Es en esos procesos en los que Dios nos prueba, prepara, moldea, pule, refine y consuela es donde nos damos cuenta de que siempre hay razones para alabar y glorificar al Señor. En ellos, siempre nos será revelado un misterio del mundo espiritual. Algo aprendemos, algo cambiamos.

Un fundamento para poder mantenernos sanas emocionalmente cuando llegan los procesos de las pérdidas es nuestra dependencia del Señor. La fe es el mejor antídoto contra la ansiedad y la depresión. Leyza determinó no deprimirse, aun en el momento más oscuro de su vida. Es que 75% de las depresiones se deciden. Es una elección que el momento tenebroso de la noche sea el preludio al más glorioso amanecer.

Si de algo no debes dudar después de leer este escrito es que hay un Padre Celestial que te ama y te cuida. Su amor hace que, aunque la vida a veces sea dura, canse, duela, agote, no tenga coherencia y mucho menos sea perfecta, tú puedas sentir que no deja de ser bella y que en todo laberinto hay una puerta de salida.

En la Biblia nunca dice que no vamos a sufrir, pero hay cientos de promesas que establecen que en medio del dolor Dios está con nosotros y nunca nos abandona. Te acompaña como a Leyza en la soledad, los desiertos, la incertidumbre, las pérdidas, la traición, el dolor y la angustia.

Dios te ha diseñado para que seas feliz, te vaya bien, crezcas, alcances tu destino y también puedas compartir la felicidad con otras personas. No permitamos que las circunstancias adversas nos controlen. Es tiempo de hacerlas nuestras aliadas y comprender que quien nos creó con destino profético tiene un extraordinario plan con ellas. Te pido que le concedas al Espíritu Santo, por medio de estas páginas, la oportunidad de tratar contigo para internalizar estas profundas verdades.

El Señor se encarga de levantar personas para recordarnos hacia dónde vamos en esta maravillosa aventura llamada vida. Gracias Leyza por ser obediente y disponer tu corazón lleno de sensibilidad para poder compartir lo que Dios te ha permitido aprender.

Amada mujer: ¡vívelo, conéctate y disfrútalo! Todas tenemos una historia. Estás a punto de cambiar la tuya.

Te amo y te bendigo siempre,

Dra. Lis Milland
Consejera profesional, conferencista internacional
y autora de libros Best Sellers. www.vivelibrevivefeliz.com

Descubriendo
la fuerza de Cristo en mí

Desde pequeña siempre imaginaba cómo celebraría mis 25 años. En mi país, Puerto Rico, le decimos, cumplir la peseta (moneda de 25 centavos). Quería una fiesta o un viaje para celebrarlo en grande. Pero cuando cumplí mis 25 años, mi realidad era muy diferente a como lo había imaginado de niña. Ese día lo pasé en el sofá de la casa de mis padres, viendo la televisión y pensando en mi futuro. Para ese entonces tenía 20 semanas de embarazo; iba a ser madre soltera y aún vivía con mis padres.

Para inicio de ese año (2008) mis padres me convocaron a una reunión familiar. Me explicaron que para el mes noviembre ellos harían un viaje misionero a África junto a un grupo de hermanos de diferentes congregaciones. Mi madre fue clara conmigo expresándome que estarían realizando un trabajo para evangelizar y llevar la Palabra de Dios en un país desconocido para ellos. Mami me solicitó que estuviera enfocada y alineada con ellos para evitar cualquier eventualidad que tuviera una mala consecuencia en nuestras vidas.

Tengo que confesar que no hice caso a sus consejos. Tomé una serie de decisiones y asumí un mal comportamiento que varios meses después me llevaron a darles la noticia de que serían abuelos. Me sentí muy mal, pues les fallé, aun cuando ellos ya me habían advertido. No me malinterpretes, tener un hijo es una bendición, pero no lo hice en el orden correcto de Dios.

Cuantas veces Dios, como nuestro Padre, nos advierte con amor y no le hacemos caso. En Proverbios 1:15 dice: "Hijo mío, no andes en caminos con ellos. Aparta tu pie de su senda".

Yo no vi lo que mis padres estaban viendo. Tenía un "amiguito" que no estaba alineado a lo que me habían enseñado. Crecí en la vida de iglesia y fui consagrada en el altar para grandes cosas. Dios me estaba advirtiendo, mediante mis padres, que tuviera cuidado con las alianzas que hacía con otras personas. Yo me dejé llevar e ignoré las enseñanzas que me habían dado en mi casa y en la iglesia. Hubo un versículo que escuché muchas veces en mi cabeza. "Huye también de las pasiones juveniles"… (Véase 2 Timoteo 2:22)

Podrás pensar: "¡Qué drástica!"
Pero sin duda alguna, lo que viví
me marcó para siempre

Si en este momento de mi vida me dicen "huye", antes de que termine la palabra ya estoy corriendo. Cuando jóvenes nos creemos fuertes y que resistiremos la tentación, pero muchas veces no es así. Yo tuve una lección de vida a mis 25 años y pagué las consecuencias de mis acciones. Podrás pensar: "¡Qué drástica!" Pero sin duda alguna, lo que viví me marcó para siempre. Las decisiones que tomamos, para bien o para mal, en nuestra juventud temprana, las cargamos el resto de nuestra vida.

Llegó el día que mis padres partieron hacia su asignación en África. Los llevé al aeropuerto con un presentimiento de que algo malo pasaría. Traté de mantener la calma para que no lo notaran. Los despedí con un fuerte abrazo y me fui con un nudo en la garganta. Al cabo de varios días, mis padres continuaban su asignación en África y yo estaba sola en casa.

El *miedo* y la *confusión* inundaron mi mente.

La madrugada del 27 noviembre de 2008 (Día de Acción de Gracias) me levanté para ir al baño como a eso de las 2:00 a.m. Al orinar me percaté que había sangre y una mucosidad en el agua del inodoro. Me asusté, porque presentar sangrado cuando se está embarazada es sinónimo de que algo no anda bien. Llamé a mi hermana mayor y ella me llevó al hospital donde sería el alumbramiento de mi bebé, cuando fuera el momento. Estuve en la sala de urgencias desde las 2:30 a.m. hasta las 9:00 a.m. aproximadamente. Al parecer, cuando me examinaron, provocaron que rompiera fuente y no se dieron cuenta. A pesar de que continuaba botando líquido, me dieron medicamento para el dolor y me enviaron a casa.

Cuando mis padres llamaron para felicitarnos por el Día de Acción de Gracias mi hermana le dio la noticia de que había estado en el hospital, pero que me habían enviado a casa con medicamento para el dolor. El medicamento me provocó sueño, así que dormí por varias horas antes de comenzar la verdadera odisea. Pienso que Dios me permitió recargar batería para lo que viviría las próximas horas y días.

Regresé al hospital a las 7:00 p.m. porque no aguantaba las contracciones, efectivamente el líquido que estaba botando desde la mañana era el amniótico. Me atendieron rápido. Recuerdo que escuché cuando uno de los doctores le dijo a mi hermana: "ella está sintiendo los síntomas de un aborto natural". Me inundó la desesperación. A mi mente venían pensamientos tales como: "un aborto a las 25 semanas de embarazo", "mi bebé está pequeña, no va a sobrevivir", "Dios mío que va a pasar ahora, ella nacerá prematura". El miedo y la confusión inundaron mi mente. Ya en sala de parto, temblando de frío y de los nervios, el Espíritu Santo me recordó esta canción, la cual canté durante todo este proceso para mantener la calma.

"Puedes tener paz en la tormenta,
fe y esperanza cuando no puedas seguir
y aun con tu mundo hecho pedazos
el Señor guiará tus pasos
en paz en medio de la tormenta".

Cuando nació el bebé, el doctor dijo: "ay mira es una niña, eso es bueno, ellas son luchadoras". Mi hija Layza Navit llegó a este mundo el 27 de noviembre de 2008 a las 11:00 p.m. Desde ese día el sentimiento de madre creció y los cambios en mi cuerpo se dejaban sentir. Visitaba a mi hija dos veces al día en la unidad de cuidado intensivo neonatal, conocido por sus siglas en inglés NICU. Layza sufrió varias complicaciones, desde respiratorias hasta renales. Mis padres se desesperaron al enterarse de que la niña nació antes del tiempo predestinado. Llegaron unos 7 días después del nacimiento de su nieta. Yo oré y le pedí mucho a Dios para que la sacara con bien de ese hospital. Para mí, cada hora y día que pasaba era un logro.

Oré con mi corazón destruido.

Sin embargo, tengo que confesar que sufrí ataques de ansiedad, no podía mantenerme de pie y sentía que mi mundo se venía abajo. Sé que Dios escuchó cada una de mis súplicas a favor de mi pequeña hija. Sé que leyó cada lágrima que brotó de mis ojos e interpretó el dolor que emitía mi corazón. Mis latidos eran rápidos, como si ese órgano se quisiera salir de mi pecho. El miedo y la angustia se dejaban sentir como una oscuridad que nublaba todos mis sentidos. Él sabía que esta parte del camino era dura de caminar, sin embargo, nunca me dejó sola. Aunque le imploré que sacara a mi hija del aquel hospital con vida, Su plan fue diferente al mío.

La noche del 7 de diciembre del 2008 me llamó la pediatra neonatal para que fuera al hospital. Volví a sentirme débil, ya mi cuerpo no resistía una mala noticia más. Al llegar, la doctora me indicó lo delicada que estaba mi hija. Ahí fue cuando hice la oración que había prolongado por días. Al lado de la incubadora oré al Padre lo que mi bebé y Él querían escuchar desde mi corazón. Les confieso que fue duro hacerlo, pero Él nos arma de valor en los momentos difíciles. Oré con mi corazón destruido: "Dios no soporto verla así. Hoy te la entrego en tus brazos. Ayúdame a aceptar Tu voluntad y vivir con esta pérdida. Amén". También le dije al oído a mi hija: "Nena de mamita, estaré bien si te vas con papito Dios. Mamá te ama".

La mañana del 8 diciembre de 2008, Dios la llamó a Su presencia. Fue cuando por primera vez pude sostener a mi hija en mis brazos. Su cuerpecito se sentía frío, pero la contemplé por minutos hasta que tuve que salir de NICU. Como madre no me rendí, al contrario, entendí que hay personitas que vienen a este mundo para enseñarnos a ver la vida de otra manera. Dios usó esta experiencia para demostrarme que cuando aceptamos a Jesús, Él viene a morar a través de Cristo en nosotros.

Mediante este proceso descubrí la fuerza de Cristo en mí. Nunca se había manifestado tal fuerza en mí, hasta ese momento. A través de Cristo podemos tener paz en medio de la tormenta y confiar en que Sus planes son mejores que los nuestros. En Su Palabra dice: "Porque yo sé muy bien los planes que tengo para ustedes- afirma el Señor-, planes de bienestar y no de calamidad, a fin de darles un futuro y una esperanza". (Jeremías 29:11)

Fueron 11 días que marcaron mi historia de vida. Me ha tomado tiempo aceptar la pérdida, pero esta fuerza dirigida por Su Espíritu Santo me ayudó a levantarme y a experimentar Su paz. Como dice en Filipenses 4:6-7 "No se preocupen por nada; en cambio, oren por todo. Díganle a Dios lo que necesitan y denle gracias por todo lo que él ha hecho. Así experimentarán la paz de Dios, que supera todo lo que podemos entender. La paz de Dios cuidará su corazón y su mente mientras vivan en Cristo Jesús".

Con la ayuda y fuerza de Dios, caminé segura y con la cabeza en alto, a pesar de que mi humanidad me decía que tenía permiso para tirarme al piso y deprimirme. Yo decidí caminar, no deprimirme y aceptar la voluntad de Dios. No fue fácil, fue un día a la vez, reafirmando mi enfoque constantemente.

Luego de la pérdida de mi hija, he tenido la oportunidad de conocer mujeres maravillosas que han experimentado pérdidas de embarazos. Mi historia de cierta manera las inspiró a querer compartir las suyas. Estas mujeres han experimentado el cuidado y amor de Dios sobre ellas. Han sido mujeres esforzadas y valientes, como tú y como yo, que no se han rendido ante las adversidades, sino que han decidido ser felices y verse como Dios las ve. ¡Ellas han entendido algo! Que el miedo es una emoción natural, pero cuando quiere gobernar las mentes lo enfrentamos con el escudo de la fe y este se disipa. Ellas saben que son multiplicadoras de vida y que la fuerza de Cristo en ellas las hace vencedoras y conquistadoras de su descendencia. Como mujeres con destinos, se han parado en la brecha y han decidido caminar sobre las promesas de Dios. A continuación, les comparto las historias de cinco madres que abrieron sus corazones para contarles al mundo sus experiencias.

Mujer hermosa y con un brillo natural. Ella, como parte de su proceso de sanidad, escribió una carta la cual nos quiso compartir.

Fuiste mi primera alegría. Cómo olvidar la felicidad que sentimos cuando nos enteramos que existías dentro de mí. Inmediatamente supimos que nuestras vidas cambiarían para siempre, transformando en nuestras mentes la visión del futuro y ajustando nuestras decisiones con el fin de preparar espacio para ti. Y fue entonces que escuché tu corazón. Ese momento que jamás olvidaré, cuando lágrimas bajaron de mis ojos. La felicidad de papá la atesoro en mi recuerdo. Así comenzaron los cuidados sabiendo que crecías y junto a ti mis ansias de verte, cuidarte y amarte.

De repente, algo cambió. Fue una noche que jamás olvidaré. De mi vientre se escapaba la vida poco a poco. Sabía que sería la peor noche de todas. Papá se arrodilló en el piso gritando a Dios que preservara tu existencia: "¡por favor no te lo lleves!". Corrimos al hospital donde finalmente, una hemorragia arrancó sin avisos todas las ilusiones de ver tu sonrisa al escuchar mi voz cantándote. Adiós mi pequeño bebé.

Al día siguiente buscaba en mi vientre el regalo de tenerte y al no encontrarlo lloré desconsoladamente sin que nadie pudiera entenderlo. Palabras huecas y sin sentido laceraron mi corazón una y otra vez, como si alguna otra cosa pudiera llenar el vacío que dejaste. Como si algo recompen-

sara tu vida. Sin embargo, aquí estoy... extrañándote para siempre, aunque nunca pude conocerte. Agradeciendo que alguna vez te tuve y fue el más bonito milagro.

- Mamá

Ángela nos compartió algunos consejos que le ayudaron en su proceso:
1. No tengas miedo de hablar.
2. Busca a personas que puedan entenderte y evita aquellas que puedan traer confusión o culpa a tu corazón.
3. Permítete ser vulnerable y sentir tu pérdida.
4. Si tienes pareja, únanse más. Él también necesita fortaleza, aunque no lo exprese.
5. Escribe tu experiencia. Esto me ayudó mucho, al escribir pude cerrar ese capítulo para abrir mi corazón a una nueva esperanza.

Myriam

Mujer amada por Dios, perdió un embarazo de 13 semanas, luego de dos embarazos saludables y dentro de lo normal. Nos narra cómo continuó su vida luego de la pérdida de su bebé y las inseguridades que esa situación generó en ella.

Luego de la pérdida que nunca imaginé experimentar, no quería quedar embarazada nuevamente por temor a perderlo. Sin embargo, después de 9 meses de la pérdida, quedé embarazada. Aunque comencé a experimentar sínto-

mas no quería decirle a nadie, ni siquiera a mi esposo, debido al miedo que sentía. Recuerdo que me realicé una prueba casera, pero aun así decidí ir al hospital para confirmar. Allí me notificaron que el conteo de hormonas era muy bajo que debía esperar unas dos semanas para constatar. Ese mismo fin de semana fui a una reunión de damas en una iglesia que visitaba en la ciudad de Cleveland, Ohio. Esa mañana fue donde recibí la confirmación. Cuando culminó el servicio, una joven de la iglesia vino donde mí y me dijo: "soñé que estás embarazada y que la niña se llama Issie". Me impacté y respondí, "sabes que… yo creo estar embarazada, pero aún no lo he confirmado". Ella me confirmó el nombre a través del apodo de "Issie", pues siempre había dicho que si tenía una niña la llamaría Isabella. Ahí tuve mi confirmación tan deseada, pero aún seguían las dudas y el miedo. Esperé los 3 meses para contarle a todos, solo mi esposo y algunas personas cercanas lo sabían. Al hacer una reunión para revelar el sexo del bebé, confirmamos la palabra que Dios me dio a través de aquella amiga.

Myriam nos comparte algunos consejos:
1. Confiar que en Dios todo es posible.
2. Que la fortaleza proviene de Él.
3. No busques respuestas en otros lugares, búscalas en la presencia de Dios, allí están las respuestas.

Mujer de fe que perdió su embarazo a las 13 semanas, provocando en ella mucho miedo e inseguridad. Es inminente no sentir esas emociones cuando experimentamos esta clase de pérdidas. Sin embargo, ella se aferró a su fe cristiana y cambió su mentalidad, lo cual la ayudó a aceptar su realidad. ¿Cómo lo hizo? *"Con el tiempo sanas y entregas. Luego que entendí que mi bebé estaba en el cielo, mi pensar, tristeza y oración al Padre cambiaron. De esa manera, logré continuar mi vida normal"*, nos contó.

Peggy nos compartió algunos consejos:
1. Cree que Dios tendrá todo en control.
2. Haz lo mejor por tu cuerpo para que esté saludable y fuerte para el proceso de gestación.
3. Haz de la oración tu arma, antes del próximo intento de gestación y ten paz.

Perdió dos embarazos: uno de 3 semanas y otro de 7 semanas. Destruida, angustiada, triste y decepcionada de sí misma, nos cuenta que se aferró a una promesa de Dios que ya había sido depositada sobre su vida. Annette nos cuenta: *"vi a Dios manifestándose en mi vida, aunque mi cuerpo decía lo contrario. Mis hormonas estaban bajitas por lo que provocaba que mi cuerpo no permitiera el desarrollo de mis bebés. Luego de un año de esas pérdidas, Dios cumplió Su promesa. Nos dio el privilegio de ser padres de un varón. Luego para nuestra sorpresa y para cerrar con broche de oro, tuve otro embarazo y fueron gemelos, una niña y un niño. Así que vimos la promesa sobre mi vida cumplirse".*

Annette nos compartió algunos consejos:
1. Busca ayuda si así lo necesitas.
2. Exprésale a tu pareja cómo te sientes.
3. Ámate y no te culpes.
4. Aférrate a Jesús.

Linoshca

Esta última historia la conozco muy bien, fue muy dolorosa para mí también. Esta maravillosa mujer es mi mejor amiga. Ella es mi compañera de batalla. La última semana de junio 2020, ella se encontraba en sala de urgencias por un dolor y le dieron la noticia de que estaba embarazada. Todos nos sorprendimos, pero estábamos felices por ella y su esposo.

El viernes de esa misma semana, me senté en mi oficina a redactar los testimonios de las mujeres antes mencionadas. El sábado me levanté y continué en el proceso de redacción. Lino, me llamó y comenzó a hacerme preguntas de los testimonios que estaba redactando. Las preguntas eran directas. Quería saber cómo estas mujeres habían perdido a sus bebés. Me sentí incómoda con sus preguntas e intenté ser lo más prudente al responderle. Unas pocas horas después, ella me escribió por mensaje de texto que estaba teniendo un aborto. Les confieso que la noticia me dejó en un estado de "shock" por varios segundos. La llamé e intenté darle fuerza y fe a través de las palabras, pero mi corazón experimentó una tristeza muy fuerte. Ese bebé era tan deseado por muchos y saber que ella experimentaría una pérdida y tan pronto, me dolía. Luego, de desconectar la llamada, miré a mi esposo y le dije: "no puedo creerlo, llevo dos días escribiendo de pérdidas de bebés y mi mejor amiga está perdiendo al suyo ahora mismo".

Lloré de frustración, sin embargo, sé que los planes de Dios son perfectos y que esta experiencia traería un aprendizaje y una nueva esperanza para este matrimonio. Respiré y seguí redactando sobre el tema, pues entendí que esta situación se experimenta casi a diario en muchos hogares.

Con valentía, Lino quiso compartir su historia con ustedes. Les presento parte de lo que escribió en su carta de cierre de honor para ayudarse en su proceso de sanidad.

Mi esposo y yo tomamos la decisión de buscar estar embarazados. Es entonces que, en diciembre 2019, luego de experimentar frustración, decidimos descansar en los brazos del maestro. Aún recuerdo la voz dulce del Espíritu Santo al decirme: "quiero escucharte en voz alta, no aguantes tus palabras más, declara lo que deseas ver, estoy para escucharte". Fui obediente a Su voz, la reconocía, no era la primera vez que me hablaba, pues en otros procesos y momentos había estado conmigo. Desde ese día la tristeza se fue, comencé a descansar completamente en Sus brazos y voluntad. Siempre me he mantenido orando que mi embarazo se daría en el tiempo de mi ABBA Padre, no en el mío. Que tendría una gestación, embarazo, parto y post parto saludable.

Tomé decisiones para mejorar mi salud y planificarme en fe, para cuando llegara la promesa de Dios. El 23 de junio de 2020 fui al hospital por un dolor que inició en la zona pélvica y con el pasar de las horas lo estaba sintiendo cerca del ombligo. Me realizaron varias pruebas. Cuando llegó el doctor me dijo: "positivo a embarazo". Mi corazón se paralizó y no lo podía creer, algo que llevaba esperando tanto tiempo y me enteraba bajo estas condiciones. Aunque fue una sensación difícil de explicar, me llené de alegría. Inmediatamente me dijo: "te revisaremos y tomaremos otras pruebas para que vayas rápidamente a tu ginecólogo-obstetra".

Al otro día, fui con mi esposo al ginecólogo-obstetra y me dijo que en efecto estaba embarazada, pero que era muy temprano, que apenas tenía 1 semana y 6 días. Entonces el sábado, 27 de junio, me levanté con dolor en el área pélvica, pero esta vez se sentía un dolor distinto y presentí que algo andaba mal. Fui al baño a verificarme y, al limpiarme, manché. Se lo comuniqué a mi esposo y a una amiga, quien me dijo que descansara y no hiciera fuerzas. En la orientación que me dio el doctor, me había indicado que podía manchar y tener dolor pélvico. Sin embargo, yo decidí orar por mí y le dije al Padre: "ayúdame y haz Tu voluntad." Pasó la mañana y seguía manchando en mayor cantidad, aún acostada comencé a sentir calambres pélvicos.

Llamé al doctor, y por la prueba que me había realizado el día anterior, me dijo: "mamita, entiendo que estás perdiendo el embarazo". Le hice mil preguntas, pero él me dijo que lamentablemente no podía hacer nada. Desconecté la llamada y llorando, como nunca, le dije a Dios: "yo creo en Tu promesa, creo en lo que has hablado de mí, creo en lo que somos para Ti, haz Tu voluntad". Rápidamente llamé a mi esposo quien, corriendo, entró al cuarto y solo se acostó en mi vientre y dio gracias. He visto tantos milagros, por lo que me mantuve todo el día con fe. Confiaba en que Dios siempre tiene la última palabra y que podía preservarlo. Le decía constantemente: "Dios, Tú puedes hacerlo, Tú eres soberano, cumple Tu voluntad en mí". El sangrado y el dolor continuaron hasta que todo cesó. Mi bebé ahora es un ángel en el cielo.

Mi experiencia fue muy rápida, pero no invalida la misma. Mi mayor consejo para cualquier madre o mujer que ha perdido un embarazo, aún corto como el mío es:

1. Enfócate en Dios.
2. Ora
3. No pierdas la fe.
4. Fortalece tu cuerpo, mente y espíritu.
5. Haz ejercicios de respiración para ventilar cuando sea necesario.
6. Busca ayuda profesional para trabajar la pérdida, miedos del pasado, presente y futuro.
7. Diariamente, renueva tus fuerzas a través del Espíritu Santo.

Querida lectora:

Luego de haber compartido estas historias verídicas, quiero que hagas una retrospección de tu vida y analices lo fuerte y valiente que has sido antes los procesos. Utiliza esa fuerza que viene del amor de Dios hacia ti y descansa sobre Él. Cada día experimentarás como el bien y la misericordia te ayudarán proseguir con paso firme hasta tu próxima parada. Recuerda, en cada proceso hay una enseñanza que hará que descubras algo adentro de ti que tiene que florecer.

Oración

Padre, ante Tu trono vengo a darte las gracias porque, a través de Cristo, descubrimos Tu fuerza en nosotros. Que llevar Tu ADN lo cambia todo. Gracias porque, a través de la sangre de Cristo, somos más que vencedores y todo ya ha sido conquistado en la cruz.

Padre, declaro que quien está leyendo esta oración comienza a descubrir la fuerza que proviene de ti y que nunca la dejarás sola. Que no de espacio a la duda o al miedo porque eso la paraliza. Cancelo, en el nombre de Jesús, toda duda que pueda penetrar a su mente porque ha reconocido que tú eres nuestro Padre y no duermes, sino que siempre nos cuidas.

Aunque los vientos han sido fuertes, más fuerte es Dios, a quien hoy le permites llevar tu barca. Desde hoy, el timón es tuyo, Señor. Tú sabes a la perfección las coordenadas que llevan a puerto seguro. Este dolor solo nos ha demostrado Tu cuidado y amor inquebrantable hacia nosotros. Te amamos Papá, eres nuestra roca fuerte.

Amén.

En Cristo no hay
batallas perdidas,
sino aprendizajes continuos

Me tocó esperar en la sala del consultorio médico, mientras mi padre era examinado por el doctor, llevaba tres días con acidez estomacal. Recuerdo que fue el 11 de septiembre 2009. Lo que sería un examen de 1 hora se tornó en casi 3 horas. Mi madre, enfermera de profesión, me estuvo llamando por teléfono, ya que ese tipo de pruebas no toman tanto tiempo. Una vez pasaron a mi padre al área de recuperación pude hablar con el doctor. Tuve la oportunidad de ver las imágenes de la endoscopia, las cuales reflejaron un tumor del tamaño de una bola de golf, cerca de la boca del estómago. Les confieso que no esperaba tal noticia. Cuando el doctor me las mostró me impactó tanto que dejé de escucharlo por un momento. ¡No lo podía creer! Aún estaba manejando la pérdida de mi hija (hacía solo 9 meses) y ya estaba recibiendo otra noticia fuerte.

Mi padre fue diagnosticado con cáncer de estómago en etapa 4 y unas pequeñas lesiones en el hígado. A partir de ese día iniciamos un difícil proceso como familia. Esa misma tarde mami nos reunió en un restaurante, como enfermera conocía acerca de estos tipos de tumores y sabía a lo que nos enfrentaríamos. Mami nos alentó a que estuviéramos unidos y fuertes a través del proceso. Veíamos a papi pensativo, pero dispuesto a luchar agarrado del Señor.

Papi llevó su *cicatriz* con orgullo.

Mi papá estuvo en la guerra de Vietnam, por lo que había sido vacunado para prevenir muchas enfermedades. Tengo la convicción de que Dios siempre nos alerta de que se aproxima una prueba y así lo hizo con papi. Dos años antes, cada vez que Dios le hablaba lo hacía acerca de una enfermedad, pero que estuviera tranquilo porque lo tenía en Sus manos. Él no era de enfermarse, por lo que esa palabra lo sorprendía, pero la recibía, ya que conocía el cuidado de Dios sobre sus hijos. En menos de un mes papi fue operado. Le quitaron tres cuartas partes de su estómago para poder remover el tumor. Las pequeñas lesiones en el hígado las tratarían con quimioterapia.

Luego de recuperarse de la operación, inició con el tratamiento de quimioterapia. Enfrentó los efectos secundarios con mucha valentía. Hubo madrugadas en que me levantaba porque escuchaba un ruido en el baño. Era papi sufriendo los efectos de la quimioterapia. Yo lo cuidaba y no lo dejaba hasta que lo veía bien. Su proceso me enseñó lo importante que es agarrarse de una palabra que salió de la boca de Dios.

Desde ese tiempo me he aferrado a las palabras que Dios ha declarado sobre mi vida. No le creo a la duda o a las circunstancias que vienen a quitarle el valor a esa palabra o la paz a mi corazón, sino que decido caminar sobre ella con fuerza y fe de que la veré cumplir. Es una cuestión de fe y, por encima de mi humanidad, descanso en Dios. Requiere intimidad con Dios para que tu espíritu esté por encima de tu carne, ya que querrá arrástrate al pozo de la desesperación. También, hay que accionar para ver cumplir esa palabra, porque sin fe ni acción pierde su efectividad.

Hoy te exhorto a que hagas memoria de aquellas palabras que Dios ha declarado sobre tu vida para que acciones si te sientes estancado. Toma un papel y un lápiz y pídele al Espíritu Santo que te dé las estrategias para volver a comenzar a caminar sobre esa palabra. La misma te llevará a otra y luego a otra; así sucesivamente seguirás caminando sobre el cumplimiento de la palabra, lo que se traduce en una vida con propósito.

Poco a poco fuimos testigos de su recuperación. ¡Fue milagrosa! Vimos la mano de Dios sobre su vida y la nuestra. Luego de un intenso tratamiento, lo declararon libre de cáncer. Dios cumplió Su promesa. Papi llevó su cicatriz con orgullo. Lo podía ver en cualquier lugar mostrándola con mucho respeto (cicatriz que cruzaba su vientre de un lado a otro) y dando su testimonio de vida. Él nunca se calló y hablaba del milagro de Dios en su vida. Mis padres se unieron más y realizaron nuevos planes. Viajaron, compraron un apartamento pequeño (algo que mami siempre deseó) se disfrutaron a sus nietos y nos siguieron dando los mejores consejos. Como familia siempre estábamos juntos. Creamos memorias, disfrutamos y celebrábamos todo. ¡Que rico fue ese tiempo!

Tu papá está listo para partir.

Al cabo de unos 4 años hubo una reincidencia. Papi recibió un segundo diagnóstico de cáncer. Recuerdo que estaba en el trabajo y mi hermana me llamó para decirme que papi había dado positivo a cáncer. Mi reacción fue una mezcla de emociones que no puedo describir. Pasé todas las etapas de duelo el mismo día que recibí la noticia. Tuve que hablar con mami para calmarme. Verla tranquila y confiada en Dios me hizo renfocarme en el plan que debíamos activar para este nuevo proceso. Una mujer alineada al Padre y sabiendo cual es su posición, siendo hija de un Rey, sabe que no estará sola en una prueba, un proceso o un ataque. Eso fue lo que mi madre experimentó y modeló. Ella mostraba una seguridad que nos calmaba a todos.

Como familia volvimos a la lucha de este nuevo proceso. Dentro de mi ser, sabía que esta vez el proceso sería más fuerte. Papi tenía más edad, y el cáncer de estómago se metastizó para el hígado y el páncreas. Esta vez la opción de operar no era viable. Solo le recomendaban quimioterapia. Papi inició con las sesiones de quimioterapia y al cabo de la sexta le realizaron una prueba para ver el progreso y la reducción fue mínima. Luego de haberse sometido a varios meses intensos no hubo mejoría, por lo que mi padre se desanimó. Durante ese tiempo mami era la cuidadora principal y la que financieramente llevaba la carga económica de su hogar. Ella estaba canalizando muchas cosas a la misma vez. Aunque yo no vivía con ellos, porque me había casado, siempre estaba pendiente. Entre mami, mi hermana y yo nos encargamos de la situación.

Luego de la última sesión de quimioterapia, papi nos informó que quería tomarse un periodo de descanso del tratamiento durante la temporada de Navidad. Esta decisión se debió a que quería sentirse bien para compartir lo que podían ser las últimas navidades con su familia. Después de la noticia, mami encontró un tratamiento natural experimental y papi accedió, así que lo comenzamos durante la época navideña. La primera semana papi se sintió bien, pero comenzó a retener mucho líquido. Eso era señal de que algo en su cuerpo no estaba marchando bien. Debido a la retención de líquidos, ya no podía caminar mucho ni permanecer sentado por tiempo prolongado. Por esta razón, no pudo continuar asistiendo al nuevo tratamiento. Las circunstancias nos querían hacer desmayar, pero nuestra fe se mantenía firme.

Recuerdo el día que mami y yo íbamos a hacer compras y tuvimos una conversación que me causó dolor. Ese día me dijo: "Tu papá y yo hemos estado hablando. Él me dijo que está preparado para que Dios termine Su obra en él". Yo me hice la que no entendí. Le dije: ¿A qué te refieres? "Tu papá está listo para partir". Yo no podía creer lo que mami me estaba diciendo. En mi mente era como si se estuviera rindiendo, pero luego entendí que no era así. Le dije varias veces que no dijera eso, que sus palabras me causaban dolor. Ella con una voz dulce me dijo: "Sé que es tu papá, pero él ha sido mi compañero por 40 años. Estoy segura de que él me hará más falta a mí que a ustedes que ya tienen sus familias". En ese momento, mami me estaba hablando como esposa y no como madre.

Hoy sé que esas conversaciones y muchas más que debieron haber tenido papi y mami en su intimidad eran necesarias. Ellos pelearon juntos la batalla. Su amor fue fortalecido, sin embargo, reconocieron algo, tenían que dejar las cosas claras. Papi le dijo a mami que estaba listo para partir y mami lo entendió, a pesar de lo que eso implicaba. La certeza de saber hacia dónde papi iría les daba una sensación de paz muy grande.

Mi hermano y su familia estuvieron en casa de mis padres de vacaciones, ya que viven en los Estados Unidos. Recuerdo ver a mi papá muy feliz por esa visita. Dios concedió la petición de su corazón: tener a toda su familia unida antes de partir. Esa Navidad estuvimos todos juntos.

Mis padres tuvieron la oportunidad de realizar una retrospección de su vida juntos y se dieron cuenta de que habían construido una familia con valores y fuertes convicciones en Dios. Dejando un gran legado hasta una segunda generación, sus nietos. ¡Dios gracias por los mejores padres!

Un día lloré todo el camino a casa de mis padres, mientras escuchaba una canción que ministró a mi vida. En ese mismo momento entendí lo que hoy ha sido un principio en mi vida. No importa lo que estés atravesando, si estás conectado a la fuente que es Jesucristo nunca vas a perder, con Él siempre seremos más que vencedores. Luego de recibir esa palabra en mi espíritu, llegué a casa de mami y le dije: "Mami, no importa lo que suceda, siempre vamos a ganar. Si papi muere, obtuvo lo que había luchado toda su vida, reencontrarse con su Creador. Si Dios hace el milagro, también ganamos, porque sería para testimonio de

Su gloria y poder". Recibir esto en mi espíritu me hizo ver las cosas desde otra perspectiva.

En la Navidad del 2013 estuvimos muy emocionales, ya que cabía la posibilidad de que fueran las últimas con papi, y así fueron. Babbo, como cariñosamente le decía, partió con el Señor el 1 de febrero de 2014. Rodeado de la familia dio su último respiro en un ambiente de paz y amor. El momento cuando entré a su cuarto y él acababa de partir fue bien fuerte. Mi primer pensamiento fue "65 años de vida yacen ahí", luego no pude contenerme más. Abracé a mi mamá con todas las fuerzas. Sentí que me habían arrancado uno de los robles (árbol) de mi corazón. Jamás había experimentado tal dolor. Ya ese árbol llamado papi no me daría más sombra. Solo me quedaba mami. Me aferré a ella, no la quería soltar. Todavía puedo recordar ese abrazo, no recuerdo cuanto duró, pero sé que era el amor de Cristo y el de mami fusionados dándome las fuerzas para sobrellevar la reciente pérdida. Para papi yo era un regalo de Dios, la última de sus hijos y la más apegada a él. Su partida marcó mi vida y siempre lo recuerdo con mucho amor, un amor que sigue vivo en mi corazón. Babbo, fuiste el mejor ejemplo de padre aquí en la tierra para mis hermanos y para mí.

Si las pérdidas que has tenido han sido dolorosas, es normal. Somos humanos y valido tu dolor, pero no debemos quedarnos ahí. La vida continúa, tómate el tiempo necesario, pero manteniendo en mente que saldrás de la mano de Dios. Si ves que es muy difícil, sería un gran paso para tu recuperación buscar ayuda. Eso no te hace débil, te hace fuerte y valiente. Todos los días debes orar por tu mente, mantenerla fortalecida y buscar llenarla de buenos pensamientos. Recuerda mantenerte conectada a la fuente de vida que es Cristo, Él te guiará, te sostendrá y apaciguará tu dolor. Él te prometió lo que dice en Isaías 26:3-4 ¡Tú guardarás en perfecta paz a todos los que confían en ti; a todos los que concentran en Ti sus pensamientos! Confíen siempre en el SEÑOR, porque el SEÑOR DIOS es la Roca eterna".

El milagro por el que estuvimos orando lo experimentamos durante y después del proceso. Aunque no fue la sanidad de papi, si fue la fortaleza y la restauración de la pérdida. Fue estar fortalecidos y aprender a vivir sin papi. Creer sin desmayar que la voluntad de Dios es mejor que la nuestra. ¡Que no se cumpla tu deseo, no quiere decir que no está ocurriendo un milagro!

No ver cumplir nuestros clamores ante Dios puede darnos una sensación de que no hemos tenido la suficiente fe. ¿Sabes? Él conoce nuestro corazón y cómo nos sentimos. Que en ocasiones puede ser al punto de la desesperación. ¡Sí, hasta ese punto de sentirnos con ganas de correr y gritar desenfrenadamente! Ahí es cuando debemos detenernos e irnos a esos momentos íntimos en Su presencia. Esos momentos se volverán necesarios para nosotros mismos. Será como un tiempo para cuidar nuestra alma y corazón. Así agarrar fuerzas para lo que estamos viviendo o lo que vendrá. Estando sumergidos en Su presencia, aprendemos a canalizar lo que estamos experimentando, pues Su poder se perfecciona en nuestras debilidades.

Querida lectora:

Quiero compartir contigo algunos consejos que me han ayudado.

1. Orar y llorar a los pies del Señor. Si eres una persona que no eres de orar, puedes irte a caminar y hablarle a la naturaleza. De esa manera estás ventilando.
2. Cree que cada día te irá mejor.
3. Aunque aceptar toma tiempo, recuerda que debes recorrer el camino con una mentalidad de que lo lograrás, porque en Él no hay batallas perdidas, sino aprendizajes continuos.

Ahora bien, siendo empática con tu pérdida, pues quizás hemos transitado por el mismo camino de perder a un ser amado, hoy quiero elevar una oración ante el trono de la gracia de nuestro Padre. Reconocerlo como Padre, le ha dado sentido a mi vida, porque ya no hay orfandad en mí, sino que soy Su hija y Él me ama.

Oración

Padre, hemos cargado el peso de la pérdida de un ser querido y venimos ante ti para que Tu fortaleza siga siendo manifiesta en nuestras vidas. Te hemos entregado este dolor de vacío, pero a veces se hace sentir. Hay días en que nos sentimos más fuertes que otros, sé que debe ser normal, pues somos humanos.

Padre, te expresamos que no dudamos de Tu sanidad en nosotros, sino que sus ausencias se sienten cuando necesitamos un abrazo, un consejo o una simple charla. Sin embargo, venir a Tu presencia y dejar nuestras cargas sobre ti nos garantiza Tu cuidado y nos renueva las fuerzas. Depender de ti nos da un descanso seguro y una vida con propósito. Declaro que nuestros corazones serán llenos de memorias de agradecimiento por lo que hiciste, haces y harás. Porque en ti no hay batallas perdidas, sino aprendizajes continuos.

¡Amén!

Lo **_inesperado_** te enseñará

"Honra a las viudas que en verdad lo son".

(1 Timoteo 5:3)

Luego de la partida de mi padre, mami se quedó sola, pero siempre estuve pendiente de ella. La llamaba todos los días y los fines de semana nos íbamos de paseo. Cuando era momento de marcharme de su casa me dolía en el corazón, no me gustaba dejarla sola. Sentía que ella nos necesitaba, a mí y a mis hermanos, aunque no lo quería verbalizar. Ver su cara cada vez que me tenía que ir me hacía sentir triste. Ella era una mujer fuerte, pero la situación que vivimos con papi había sido difícil. Su fe y relación con Dios la mantuvo de pie ante todo y de rodillas ante Él. Sé que como humana y esposa estaba experimentando mucho dolor; aunque su fe la mantenía con fuerzas, estaba enfrentándose a su duelo un día a la vez. Unos días se sentía débil y otros con más fuerza. Su matrimonio duró 39 años, procrearon una hermosa familia y tuvieron 4 nietos, a quienes amaron con todo el corazón.

Durante un periodo de varios meses pude ver a mami tener un avance espiritual como nunca en su vida. El proceso la elevó a nivel mayor de gloria. Tengo recuerdos de conversaciones donde me expresaba sus planes y experiencias con Dios. Ella consistentemente me mencionaba que tenía una petición ante Dios, le oraba con insistencia, que le abriera una puerta ministerial, laboral, financiera… no sé, era un asunto entre Dios y ella. Su mayor anhelo era trabajar para Él.

Mi *jamás* llegó.

Para el verano de 2014, mami había planificado dos viajes. Tuvo la oportunidad de ir de vacaciones a Canadá con una amiga a disfrutar unos días de descanso. Al regresar, unos pocos días después, se fue con un grupo de la congregación a la que pertenecía para realizar labores ministeriales. Para mí fue una gran idea porque así se despejaba, se divertía y servía en la obra del Señor. Habían pasado solo unos 5 meses de la partida de papi y ver a mami tener la mente ocupada en algo que no fuera trabajo me generaba paz. Prácticamente estuvo de viaje el mes completo de julio de 2014. A mami le encantaba leer, viajar y probar diversas comidas del lugar que visitaba. Ella era feliz haciendo eso. Me enseñó a orar, interceder por otros, amar a Dios, tener una fe inquebrantable, ser fuerte, ser valiente, ser excelente esposa, ser madre, ser amiga y muchas otras cosas más. Siempre tenía un buen consejo y un abrazo que reconfortaba a cualquiera. Quien la conoció sabe que su ministerio era el de los abrazos. Ahora ese ministerio lo heredó mi hijo (su nieto menor).

Se acabó el verano y continuó trabajando de manera usual. Me mencionó sobre otro viaje en septiembre al cual le interesaba ir junto con miembros de la congregación a la que pertenecía. Sin embargo, volver a solicitar tiempo libre en su trabajo era complicado. Recuerdo haberle comentado que si era plan de Dios que viajara, no tendría problema en su trabajo. Cuando llegó septiembre mi hermana mayor tenía un entrenamiento de trabajo en los Estados Unidos y le pidió a mami que cuidara de sus hijos, ya que su esposo la iría a ver varios días y necesitaba su ayuda. Mami, abuelita consentida, aceptó. Esos días fueron los últimos días de mi madre aquí en la tierra. Mami me pidió que buscara a los nietos a su trabajo el lunes, 15 de septiembre de 2014 a las 7:00 de la mañana y así lo hice. Esa fue la última vez que la vi. Mientras ella caminaba hacia la puerta del hospital en el que trabajaba, yo la contemplaba. Recuerdo haberle dicho a Dios en el pensamiento "mami está cansada, no la veo bien", me inundó un sentimiento de tristeza muy fuerte, pero suspiré y continué. Jamás pensé que sería la última vez que la vería.

Solo recordar su rostro de esa mañana me hace brotar lágrimas de mis ojos. Ese miércoles, 17 de septiembre de 2014, la llamé para preguntarle si había hablado con mi hermana, quien ese día cumplía sus 39 años y continuaba en el entrenamiento en los Estados Unidos. Mami me dijo que solo le había escrito un mensaje de texto.

Hablé unos pocos minutos y colgamos porque ambas nos estábamos preparando para salir. Esa fue la última que escuché su voz. Nunca imaginé lo que estaba por suceder en nuestras vidas. Si hubiese sabido que esa era la última llamada no hubiese colgado, quizás le hubiese dicho tantas cosas. Pero la realidad no fue así. Esa noche, mami fue a su último discipulado. Al llegar a su hogar comenzó a sentirse mal, realizó una llamada, al parecer para pedir ayuda, pero no tuvo respuesta. Minutos después, mami partió con el Señor a raíz de un infarto masivo. Sí, unos pocos meses después que papi. Su amor fue tan fuerte que no pudieron estar tanto tiempo separados. Ellos experimentaron en vida lo que dice en Génesis 2:24 (Versión DHH) "Por eso el hombre deja a su padre y a su madre para unirse a su esposa, y los dos llegan a ser como una sola persona". ¡Ellos eran uno! Ellos nos dejaron el legado de un matrimonio que había trascendido a un amor incondicional. Su amor ágape se forjó en las duras pruebas de fuego superadas, en las lágrimas a escondidas en su cuarto, consolándose uno con el otro, siendo el Espíritu Santo su testigo. También en los momentos de felicidad por haber cumplido con las metas de Dios y las personales. Ellos fueron el uno para el otro. ¡Que bonito fue para mis hermanos y para mí tener ese modelaje!

Hoy aprovecho mi experiencia para decirte que, si tienes asuntos pendientes con alguna persona, resuélvelos hoy. No dejes para mañana lo que sabes que debes arreglar desde hace tiempo. No convenzas a tu mente de que no es tu culpa, de que no te toca a ti. Esos pensamientos solo te dejarán estancado por el tiempo que decidas ya no hacerles caso. Tu determinación para cambiar y soltar indicará el inicio de un tiempo nuevo en tu vida. A veces los procesos o pruebas duran hasta que nos determinemos a comenzar, a creer que necesitamos de la intervención de un ser supremo, Dios. Con esa determinación tiene que venir la disposición de querer cambiar; ver lo dañado restaurarse, lo perdido encontrar su lugar y la falta de amor ser cubierta con el mejor amor, el de Cristo.

Hoy es un buen día para comenzar, por si sucede mañana lo que jamás pensaste que pasaría. Mi "jamás" llegó. ¿Qué quiero decir con esto? Que uno nunca piensa que una persona que amas o aprecias tanto se irá sin avisar. En mi caso no pensé que ese "adiós mami, hablamos después, te amo", sería la última vez. Que ese "Dios te cuide hija" sería el último, de su parte. Que quizás quedaron muchas cosas por vivir, conversaciones, risas, reuniones, cumpleaños, bodas, logros y muchas otras cosas más.

Como hijos fue muy difícil procesar
y tener que aceptar que
mami había fallecido...

Toma un tiempo y haz una retrospección de tu vida y analiza. ¿A quién debes darle más amor? ¿A quién le debes abrazos? ¿A quién le debes dar un perdón? ¿A quién debes sorprender porque lleva mucho tiempo solo(a)? Te exhorto a que des el paso, porque nunca sabes cuando ese "jamás pensé" llegue a tu vida.

Mami se fue el mismo día del cumpleaños de mi hermana. Un día que, hacía 39 años atrás, papi y ella habían sido enormemente felices en la tierra al haberse convertido en padres por primera vez. Ese día se volvieron a encontrar, pero esta vez en una dimensión diferente.

Uno de los eventos fuertes de este proceso fue que encontramos su cuerpo dos días después de su partida. Como hijos fue muy difícil procesar y tener que aceptar que mami había fallecido y que no lo supimos hasta dos días después. Yo la estuve llamando, pero no la conseguía. Eso me levantó sospechas. Lo que inició con una pequeña preocupación, se convirtió en angustia al pasar las horas. Continúe llamando a su teléfono, luego recibí una llamada devuelta. Respondí muy emocionada, pero la persona no me habló. En ese momento sentí una tranquilidad al ver su nombre en la pantalla del teléfono, pero solo duró milésimas de segundos, ya que escuché la voz de un hombre en el fondo que dijo: "¿cómo es que se llama ella?" Del susto colgué, pensando que le habían robado su teléfono. Al rato, volví a llamar porque la incertidumbre no me dejaba estar en paz. En esa llamada me respondió una mujer, quien me indicó que me comunicaría con un agente de la policía. Yo comencé a incomodarme y con insistencia preguntaba: "¿mi mamá está bien? Solo dígame sí o no, con eso es suficiente". Su respuesta siempre fue la misma: "no puedo dar esa información. Usted debe venir aquí con alguien, ya que la escucho alterada". Claro que estaría alterada. Hacía varios meses mi papá había fallecido y ahora no sabía si mi mamá se encontraba en algún peligro.

El policía insistió que me calmara y llegara a casa de mi mamá acompañada. De camino a su casa, estuve hablando con Dios. Le imploraba que no se la llevara, que ella tenía propósitos por cumplir aquí en la tierra. Que ya había aceptado Su voluntad en la vida de mi padre, pero que por favor no se la llevara a ella. Me sentía tan confundida, porque sentía que algo fuerte había ocurrido. En el camino llamé a mi cuñado y a las hermanas de mi mamá, para dejarles saber que la policía estaba en casa de mami. Al llegar y ver que los oficiales de la policía tenían guantes azules, sabía que algo grave había pasado. Caminando hacia la casa, me detuvo su pastora y me dijo: "tu mamá falleció".

Recuerdo que en ese instante sentí una fuerza en mi abdomen que me hizo doblar mi cuerpo. A la misma vez, sentí que algo era colocado sobre mi espalda, puedo describir que me generaba un peso sobre ella. Comencé a adorar a Dios como pude, era una adoración que salía de mi espíritu. Miraba al cielo y le decía "te dije en el carro, que por favor no te la llevaras". Tuve una lucha interna en mi mente por varios segundos. Algo me daba fuerzas, pero había una voz que me decía: "grita, llora, tírate al piso, tienes permiso". Pero lo que me daba las fuerza no me lo permitió. Lloré, pero me sentí que estaba entrando como en otra dimensión.

El "shock" de la noticia fue tan fuerte que entré como en una anestesia espiritual. Sentía que no era yo quien caminaba. Respiré profundo y subí las escaleras hasta llegar al frente de la puerta donde me detuvo un policía. Les confieso que tenía miedo de verla tirada en el mueble de la casa por lo que le pregunté al policía: "¿dónde está?" Su respuesta fue: "tranquila ella no está aquí, está en el cuarto". Como parte de su trabajo, ellos estuvieron investigando toda la casa y a la misma vez me estaban entrevistando. El alguacil fue todo un caballero conmigo. Entendió mi dolor y me sentó para explicarme lo que dentro de su juicio había ocurrido. Utilizando una voz amable me realizó muchas preguntas. Me explicó qué encontraría en el cuarto para que visualizara lo que había antes de entrar, ya que como protocolo el familiar más cercano tenía que reconocerla. Me sorprendió que me dijera que aparentemente le había dado un infarto masivo.

Mami nunca padeció del corazón. Eso me aturdió, pero entendiendo por el proceso que habíamos pasado con papi, era comprensible toda la presión a la que había sido expuesta.

Quiero reflexionar sobre aquellos que son cuidadores de un enfermo. No es fácil a lo que ellos se exponen. Se desgastan física y emocionalmente, ya que la persona a la que cuidan probablemente es un ser al que aman. Cuidar a un enfermo es un asunto de toda la familia, no debe recaer en una sola persona. Nosotras cuidamos a papi, pero hubo muchos días donde mami estuvo sola cuidándolo, porque cada cual tenía sus responsabilidades. Papi nunca cayó en cama, pero necesitaba de cuidados por que sus fuerzas no eran las mismas. Si tu familia está pasando por un proceso similar, verifiquen que los cuidadores estén aptos para continuar con esta valiosa labor de dar amor a los que ya no tienen las mismas fuerzas.

Finalmente, entré a su cuarto, vi su cuerpo postrado sobre su cama. Esta imagen estuvo consistentemente en mi mente por un tiempo. Fue como revivir la película una y otra vez. Dios la cuidó hasta después de partir. Su cuerpo estaba completo, el frío del aire condicionado la conservó. Le doy gracias a Dios por eso. Les confieso que me tardé en preguntarle a Dios por qué se la llevó.

Mi *voluntad* era llevármela,
ese era el plan.

Recuerdo que una noche en que la extrañé demasiado, llorando le pregunté por qué, pero Su respuesta no llegó. Otro día le dije: "Padre, ya estoy lista para saber por qué te la llevaste, cuando Tú quieras me lo dirás". No fue hasta el día que le dije a Dios: "Hoy me toca escribir el capítulo del libro donde hablaré de mami. Voy a orar para que me ayudes". Ese día en oración me dio la respuesta. Fue una respuesta tan simple que quizás si me la hubiese dicho antes no me hubiera conformado. Me dijo: "Mi voluntad era llevármela, ese era el plan".

Si Dios me hubiese dado esa respuesta la primera vez que le pregunté no hubiese estado conforme con ella. Sin embargo, luego que he entendido que Él es Soberano, que Él hace lo que quiere, cuando quiere y con quien quiere, la acepté y le doy gracias porque sé que ella está descansando en Él. Para mí ha sido fundamental entender que el trato de Dios con cada persona es individual y que no podemos ir por encima de Su soberanía.

Amo a mis padres y los extraño, pero verlos y hablar con ellos en mis sueños me ha llenado de paz; agradezco a Dios por permitirme tener estas experiencias. Mis padres nos dejaron un gran legado, el cual con el favor y la gracia de Dios lo cumpliremos de acuerdo con Su voluntad, que es buena, agradable y perfecta. Lo inesperado te ensenará, depende cómo quieras ver las cosas. Mis hermanos y yo, aceptamos las pérdidas de nuestros padres con mucho dolor, pero con la convicción de que solo Dios nos sostenía.

Durante mi proceso de luto no me atreví a llorar a mami como hubiese querido. Sentía que si lo hacía no iba a poder parar. Oraba por mí, pedía fuerzas todos los días y condicionaba mi mente a que el día de mañana sería mejor que hoy y que hoy es mejor que ayer. Lo hice un día a la vez, agarrada del Padre, aceptando Su voluntad, aunque en ese momento fue muy difícil. Mami cumplió su asignación y partió dejando un gran legado, eso lo agradezco todos los días.

Así como yo le pedía a Dios para que me fortaleciera en el proceso, mis hermanos también lo hacían. Ellos como parte de su sanidad redactaron unas cartas, las cuales me dieron permiso de compartirlas contigo. Si estás experimentando un proceso similar al que nosotros vivimos, te exhortamos a que uses esta herramienta de terapia literaria y hagas un cierre de honor con esa persona que ya no está.

A continuación, la carta de mi hermana Jania para mami:

Me ha tomado mucho tiempo poder dedicarte unas palabras. Haberlos perdido a los dos el mismo año fue un proceso difícil de sobrellevar. Sin embargo, Dios ha estado en todo momento a nuestro lado. Su paz, que sobrepasa todo entendimiento, nos cubre y da fuerzas. Ya han pasado 6 años de sus partidas y aún el dolor de perderlos sigue presente. Recuerdo la última vez que te vi. Estaba buscando unas maletas, ya que me iba a un viaje de trabajo y al despedirnos te dije mi acostumbrada frase: "bendición mami, te veo a mi regreso". Me dijiste: "dame un beso y un abrazo que tú no sabes si esta es la última vez que nos vemos". Nunca te había escuchado expresarte así, por lo que mi reacción fue decirte: "Mami, no digas eso". Imagínate, hacían 7 meses que papi había partido y tú expresándote de esa manera. Me abrazaste y me dijiste que me amabas mucho. Ese abrazo fue el mejor que he recibido en mi vida. Fue un abrazo lleno de amor. Un amor maternal único. Ese que expresa sin palabras que siempre vas a estar aquí a pesar de las circunstancias. En ese abrazo sentí que me decías: "Tú eres mi hija mayor, la que me dio el privilegio de ser madre". Y ahora solo recuerdo que nos abrazamos sin yo saber que era un abrazo de despedida.

El mismo día de mi regreso, me recibieron con la noticia de que te habían encontrado muerta en tu cama a consecuencia de un posible infarto cardíaco. En ese instante mi mundo se desplomó, se me vino encima y me destruyó por completo. Lloré amargamente y le pedía a Dios que por favor me despertara de aquella pesadilla.

A días de tu fallecimiento, me recordé de un sueño que había tenido el mismo miércoles de tu partida. En el sueño me decías: "Hija, me voy a ir de viaje y te pregunté,

¿a dónde vas? Tu respuesta fue: es un viaje largo y no voy a poder regresar". Te dije: "¿Un viaje a dónde? ¿A qué lugar una persona se va y no puede regresar?" No comprendía absolutamente nada, estaba ajena a todo lo que iba a acontecer. Comencé a gritar y a llorar desconsoladamente, te supliqué que por favor no te fueras, que te quedaras. ¿Qué iba a ser de nosotros si te ibas? Ya papi no estaba y el vacío aún se sentía. Luego de un rato consolándome en tu regazo y acariciando mi pelo, me dijiste: "Me tengo que ir". Hablamos un rato en aquel sueño y culminaste pidiéndome que por favor cuidara de mis hermanos y velara por mis hijos y sobrinos, tus amados nietos. Te dejé partir con el corazón hecho pedazos, con el alma angustiada. Me dijiste que siempre ibas a estar con nosotros y que Dios cuidaría de tus hijos. Ahora comprendo que esa fue nuestra segunda despedida. De alguna forma sobrenatural, Dios permitió que pudiéramos hablar por última vez. Vivo eternamente agradecida de mi Señor por esa oportunidad única en mi vida. ¡Gracias Dios, eres el mejor! Esta carta no es una despedida, sino un ¡hasta luego!

Cuando Papi estaba en su etapa final, recuerdo que le dije: "papi, vete tranquilo, nosotros vamos a estar bien y vamos a cuidar de mami". No quería verlo sufrir más, estaba destruida, pero a la misma vez sentía paz porque sabía que prontamente él iba a estar en los brazos del Señor. Pero contigo fue distinto, no pude decirte vete tranquila, no pude socorrerte, darte la mano, llevarte al hospital, gritar por tu auxilio, en fin, te fuiste sola y eso me ha dolido.

Te pido perdón si alguna vez sentiste que te fallé. Por las veces que por testadura no seguí tu consejo y luego me daba cuenta de que tenías razón. Perdón por las veces que no te llamé por estar ocupada, ahora miro hacia atrás y pienso, el tiempo se va y no regresa. A la misma vez me *siento satisfecha porque ustedes estaban orgullosos de mis logros, que también eran de ustedes. Gracias por la educación que nos brindaron, por los valores enseñados. Por guiarnos en los caminos del Señor. Gracias por ayudarme en todas las etapas de mi vida. Cuando llevé a mi primer novio a casa, mi único amor, quien ha estado conmigo en todo momento, rápido lo aceptaron. Recuerdo que la segunda vez que él fue a casa papi le dijo: "y qué, ¿cuándo se casan?" El hombre tragó profundo y al presente seguimos juntos. Cuando fuimos padres, las dos veces, estuviste a nuestro lado. Siempre dijiste que tus nietos eran los más hermosos del mundo. Gracias por los tiempos de calidad en familia. Para ti siempre fue importante compartir todos. Gracias porque siempre recibiste a la familia de mi esposo con amor, ellos han sido de gran apoyo en este proceso. Gracias por cuidar de papi cuando estaba enfermo. Te desviviste por él y su partida te afectó. ¡Fueron 40 años juntos! ¡Ustedes fueron los mejores! Siempre los tengo presente y su legado vive en cada uno de nosotros, sus hijos.*

Los amaré eternamente, su hija,

Janua Keys

Carta de mi hermano Andrés para nuestros padres:

Dicen que cuando alguien a quien amas se convierte en un recuerdo, ese recuerdo se convierte en un tesoro. Cuando pienso en ustedes me doy cuenta de que gracias a los hermosos recuerdos que compartimos juntos, tengo tesoros incontables y de gran valor. El olor del café en la mañana, el sonido de la mecedora en las tardes y los plátanos fritos, que no podían faltar en la cena, fueron las pequeñas cosas que nos caracterizaban como familia. Hoy me imagino conversando con ustedes en la intimidad de nuestro hogar. Entre risas y carcajadas recordando el 8 de enero de 2000. El mundo entrando en un nuevo milenio y yo comenzando mi vida de adulto. Aunque mis cumpleaños nunca fueron grandes fiestas o celebraciones, este día en particular fue especial porque mami quiso sorprenderme con un bizcocho hecho por ella misma. Y en su afán por celebrar esta nueva etapa de mi vida, el bizcocho se le quemó. Aunque terminó raspando un poco lo quemadito y colocó mucho "frosting" para cubrir las deformidades, el amor era palpable. No les miento si les digo que pensé: "Si así comienza mi adultez no sé qué me deparará el futuro".

¿Qué les diría si estuvieran frente a mí? Podría hablar de mis logros, mis sueños e inquietudes. Pero sé que lo único que saldría de mi boca es agradecimiento. Papi, gracias por estar presente. Por acostarte conmigo hasta que me durmiera, esas noches en que tenía miedo. Gracias por cada juego de pelota al que me llevaste y por creer en mi talento. Gracias por cada enseñanza de humildad, servicio y trabajo duro. Gracias por tu gran ejemplo de valor y fe ante la dificultad. Gracias por enseñarme el gran valor que hay en ser un pacificador y reconciliador. Estas y muchas

otras cosas han sido el fundamento sobre el cual he edificado mi vida. No puedo recordar un día que te haya pedido ayuda y me hayas dicho que no. Eso me demostró el amor y compromiso que tenías por tu familia.

Mami, gracias por enseñarme a soñar, a no conformarme y a ir tras mis metas. Gracias por no permitir que me rindiera cuando veía las cosas complicadas. He alcanzado metas y llegado a lugares que nunca imaginé, gracias a tus consejos. Gracias por ser paciente y sabia en mis años de rebeldía. Gracias por enseñarme con tu ejemplo el amor a Dios y a Su Palabra.

¿Qué cómo estoy? No les miento, he tenido que aprender a vivir con su ausencia. Por mucho tiempo me sentí culpable por no haber estado físicamente en los momentos más difíciles, debido a la separación geográfica. Sé que en su afán por protegernos nunca supe la gravedad de la enfermedad de papi hasta el último momento. Cuando llegué a Puerto Rico en esas últimas semanas de vida, su aspecto físico fue un "shock" para mí. Las últimas palabras que escuché de papi fueron gritos de dolor. Mami, tu partida repentina fue devastadora, sobre todo el saber que estabas sola. Recuerdo haberle dicho a Dios que tú no merecías morir de esa manera y que si era Su decisión llevarte porque no nos permitió despedirnos. El no poder entender el porqué, endureció mi corazón. Hoy puedo ver que la decisión de ocultar mis sentimientos fue lo peor que pude hacer, pues me llevó a la depresión. El no reconocer el sentimiento de orfandad que vino sobre mí también complicó mi proceso de sanidad. Por un año y medio permití que mi aflicción me hiciera darle la espalda a Dios.

No fue hasta que pude aceptar la pérdida y el dolor como algo que es parte de nuestra humanidad, que mi corazón comenzó a sanar. También tuve que reconocer que

Dios no nos promete una vida sin dolor, pero si nos promete que Él estará presente para consolarnos, darnos paz y traer restauración. Aprendí que en la vida no toda pregunta tiene una respuesta, pero si todo tiene un propósito. Una vez cambié mi perspectiva de lo que perdí a lo que gané pude salir de mi dolor. Hoy soy otro testimonio de que el amor y la fidelidad de Dios es real y utilizo mi experiencia para bendecir a otros. Cuando escucho las personas agradecerme por los buenos consejos y como mi vida ha sido de bendición puedo comprender que todo fue un propósito de Dios para que tus hijos siguieran expandiendo un legado.

Los amo, su hijo,

Andres O. Rey

Finalmente, lo inesperado siempre traerá una enseñanza:

1. Pregúntate qué debes aprender de esa situación.
2. Pregúntate, si llevas mucho tiempo sumergida en el dolor de ese evento inesperado. Suprimir el dolor, no es una alternativa saludable. Si necesitas ayuda, es tiempo de buscarla.
3. Pregúntate, si a raíz de esa vivencia le pasas facturas a todas las personas que están a tu alrededor. Si es así, reconoce que necesitas ayuda.

Dios nos manda a orar unos por otros, por eso, aportaré a tu restauración con una oración de intercesión. ¡Tú tiempo de restauración ha llegado!

Oración

Padre, oro por aquellas personas que han tenido que experimentar una pérdida inesperada de un ser amado. Nunca se está listo para despedirse de alguien significativo en la vida. Su pérdida deja un vacío, que solo Tu fiel amor llena. Oro para que esas personas que viven en el dolor de la pérdida puedan sentir la libertad de volver a vivir, aceptar que Tu voluntad es mejor que la nuestra y que es válido sentir dolor. Déjales sentir que el tiempo y Tu cuidado les enseñará a aprender a vivir con la partida. Espíritu Santo, ayúdalas a tener buena mayordomía de sus pensamientos, que cuides de sus emociones los días de debilidad y que te den la oportunidad de sentir Tu tierno abrazo en la soledad nocturna. Padre, dale las fuerzas para que se levanten, sequen sus lágrimas y tengan la convicción de que será una nueva temporada. Que el invierno está por terminar, que llegará la primavera y podrán ver cómo la naturaleza la deleitará con el sonido de los pajaritos que le dirán que Dios les ha dado una nueva oportunidad. Declaro que inicias la temporada de restauración en sus vidas. En el nombre de Jesús, amén.

Mujer,

el camino
estrecho no es eterno

A lo largo de la vida recorremos muchos caminos que aportan a nuestro crecimiento. Cuando somos pequeños nuestros padres nos llevan por sus caminos, no tenemos la opción de decidir a dónde ir. Siendo ellos nuestros primeros modelos de vida, aprendemos a resolver las situaciones que se presentan como nos modelaron o nos enseñaron. Ellos nos dan la base, pero después es asunto de nosotros continuar por nuestros respectivos caminos.

¿Qué pasa cuando tienes que pasar por un camino que sabes de antemano que no estás preparada y te encuentras sin fuerzas? ¿Qué pasa cuando tienes que recorrerlo y sabes que es duro, que se sufre y que muchas mujeres no lo han superado? Al menos esa fue mi experiencia.

Luego de haber pasado por la pérdida de mi hija, de mi padre y de mi madre me tocó recorrer, sin fuerzas, el camino hacia el divorcio. Llegué allí sin querer estar, solo me tocó. En ocasiones pude sentir que el camino se volvía estrecho, con muchos obstáculos y montañas rusas. Durante el recorrido mi mente no dejaba de hacerse preguntas. ¿Por qué estoy aquí? ¿Por qué a mí? Yo no quería esto para mi vida, no la había visualizado así.

Recuerdo hablarme a mí misma todo el tiempo. Las emociones estaban trastrocadas y marchitas, por lo que debilitaban mi corazón. Mi cansancio emocional era tan fuerte que se reflejaba en lo físico. Llegué a somatizar tanto el dolor del proceso que terminé siendo operada por una inflamación en una de mis trompas de Falopio. Esta operación fue algo inesperado. Antes de tomar la decisión de operarme estaba pasando por un periodo de separación con mi esposo.

Mi situación era la siguiente. Luego de 3 años de casados, Él me confesó que me quería, pero que no me amaba. Ante tal confesión, sentí que el tiempo se detuvo. Así que decidimos separarnos. Ya había escuchado lo que tanto me sospechaba, pues sus acciones lo demostraban.

Es demasiado doloroso que la persona con la que hiciste un pacto te confiese algo así. Yo me bloqueé. En ese momento mi reacción fue encerrarme. Condicioné mi mente a que tenía que mantenerme fuerte, pero cada día era incierto. Había días que me sentía bien, otros que estaba en una montaña rusa y otros que solo respiraba. Sentía que el camino era estrecho. En medio del proceso de la separación, continué con las citas de seguimiento, antes de la operación. Recuerdo que en una de las citas el doctor me preguntó que si tenía hijos y cuántos. Honestamente me sorprendió su pregunta. Le dije, "tengo uno". Luego me hizo otra pregunta: "¿Quieres otro hijo?" Me tardé en responder. Solo vino a mi mente el proceso que estaba atravesando con mi esposo. Llevábamos meses separados y las cosas no mejoraban. Yo me sinceré con el doctor y le dije que me gustaría, pero que estaba separada de mi esposo. El doctor me informó que la operación me dejaría con un 50% de fertilidad y que se me haría difícil tener hijos.

Esto sí que no me lo esperaba.

Al salir de la cita sentí coraje, frustración y miedo. A mi mente llegaban pensamientos como: "estoy perdiendo a mi esposo, al mismo tiempo que estoy perdiendo la probabilidad de ser madre otra vez. Esto sí que no me lo esperaba". No tenía muchas alternativas, opté por la operación, ya que el daño en mi trompa era irremediable.

Para ese tiempo mi hijo tenía 4 años y fue quien estuvo conmigo durante todo el proceso de recuperación. Él era quien me ayudaba a levantarme de la cama para llevarme hasta el baño. En los momentos que lloré de dolor y frustración, él lloró conmigo. Como madre, observaba diariamente a mi hijo y pedía a Dios que me diera fuerzas para criarlo, para que él no me viera débil, él merecía que su mamá estuviera bien. Le pedía fuerzas porque ese camino se me estaba haciendo difícil. Le decía: "¡Señor, dame TUS FUERZAS porque las mía ya no bastan!" Esta fue mi oración por un tiempo. Aunque parecía repetitiva venía de un corazón cansado y herido.

Durante este proceso pude conocer a Dios Padre. Cuando me sentía sola, podía sentir Su cuidado especial. Lo conocí como mi Jehová Shalom, podía sentir Su paz aun cuando la situación no mejoraba. Aprendí a vivir agarrada de mi Abba Padre; a no soltarlo y buscar su paz en medio de la crisis. Una vez abrazas esta paz, ya no podrás soltarla. Te hace una persona totalmente diferente. Te guiará a tomar decisiones. Esa paz muchas veces me sorprendió. Experimenté la paz descrita en Juan 14:27 (RVR1960):

> "La paz os dejo, mi paz os doy; yo no os la doy como el mundo la da. No se turbe vuestro corazón, ni tenga miedo".

Querida lectora:

Ya sabes lo importante que es descansar en la paz de Dios. Sin embargo, me gustaría que aprendieras algo sobre los caminos estrechos.

La consejera pastoral Damaris Torres nos presenta una perspectiva desde su experiencia brindando servicios a personas que transitan por estos caminos estrechos.

La vida siempre nos va a llevar por caminos estrechos, porque en estos caminos somos probados. En realidad, no queremos pasar por ahí, como dice la autora, pero al salir de ellos podemos mirar atrás y darnos cuenta de qué estamos hechos. La ciencia usa el concepto de resiliencia (capacidad que tiene una persona para superar circunstancias traumáticas) para explicar la fuerza que tiene el ser humano de sobre llevar el camino estrecho. Pero esa fuerza que nos impulsa a caminar y no quedarnos en ese estado de inercia es Cristo en nosotros. A través del Él podemos ver cómo nos cuida, nos dota y nos hace más fuertes. Cuando llegue ese momento de desasosiego, Su Palabra debe ser ese refugio al cual acudir cuando las fuerzas se desvanecen, ya que en ella recibirás consuelo. En Salmos 23:4, "Aunque ande en valle de sombra de muerte, No temeré mal alguno, porque tú estarás conmigo; Tu vara y Tu cayado me infundirán aliento".

También recibimos esperanza. En Isaías 40:31, "Pero los que confían en el Señor renovarán sus fuerzas; volarán como las águilas: correrán y no se fatigarán, caminarán y no se cansarán". Él es el único que no te abandonará. Él promete estar contigo todos los días de tu vida y te dice que, aunque tu padre y tu madre te abandonen, Yo no te abandonaré. Así que la próxima vez que estés pasando por camino estrecho solo descansa en Él y refúgiate en las promesas escritas en Su Palabra. Como consejera pastoral he visto que las personas que se refugian en su fe y descansan en Sus promesas son acelerados en los caminos estrechos (de crisis). En otras palabras, es como si en vez de caminarlos los corrieran y en poco tiempo ya han sobrellevado el camino estrecho.

Luego de estas palabras por la consejera pastoral quisiera hacer una oración por ti.

Oración

Padre, vengo a pedirte por esta persona que lee estas letras. Tú la conoces y sus caminos ya fueron trazados por ti. Son muchas las ocasiones que la vida la ha llevado por caminos estrechos, que se hacen difíciles de recorrer. Yo creo en ti y creo en esa paz que tú nos das. Derrama esa paz sobre la persona que está leyendo estas palabras, que siente que su vida la ha llevado hasta un laberinto sin salida, pero hoy tú tienes un encuentro inusual con ella. Padre, cambia su mente, endereza sus pasos y permite que ella descubra, a través de Tu Espíritu Santo, esa nueva dirección hacia la salida que tú ya le has preparado. Que esté alerta a Tu voz para cuando le digas "detente" o "prosigue". Que sepa que la obediencia y la fe en ti le traerá bendición a su vida. Que no hay lugar más seguro que estar en ti.

Cancelamos toda ansiedad que haya sentido durante el camino estrecho. Cancelamos toda mentira que viene a su mente a atormentarla. Declaro aquí en la tierra como en el cielo que tú Dios le das unos oídos nuevos, ungidos y separados para que logre discernir Tu voz. Padre, revélale a su corazón para qué fue diseñada o si ya una vez lo descubrió, que se reenfoque en ti. Que toda ceguera espiritual que impide el avance que ya Tu predestinaste para con su vida se manifieste. Enséñale cómo ser dirigida por Tu Espíritu Santo para cumplir el propósito por la cual fue creada. Declaro que después de esta oración, es dimensionada, es favorecida y que carga la gracia del Padre. En el nombre poderoso de Jesús, amén.

Mujer de vestiduras *renovadas*

Luego de un año y dos meses de separación, nos divorciamos. Durante el periodo de separación busqué ayuda sicológica para mí. Él nunca estuvo dispuesto a buscar ayuda para la restauración de nuestro matrimonio. Cuando estamos en estos procesos la ayuda de terceros es necesaria. Las mentes son tan atacadas que necesitan que un profesional les brinde las herramientas y estrategias para avanzar en este camino. Al tener un menor de 4 años me sentí responsable de cuidar su corazón. Mi hijo y yo habíamos sufrido las mismas pérdidas y añadir una más me estaba costando mucho dolor. Mis padres tuvieron un matrimonio de 39 años; viví dentro de un núcleo familiar sano y eso era lo que quería para mi hijo. Cuidar su corazón me llevó a sacrificar mis sentimientos de mujer. No fue fácil salirme del panorama de ser esposa, pero era salirme o quedarme en el mismo ciclo doloroso de codependencia emocional. Fue una decisión que tomé junto con el Espíritu Santo, quien me dio la determinación y mantuvo mis fuerzas.

Dentro de toda la situación, mi deseo era que mi hijo continuara viendo a su papá como su héroe. Así que le entregué mi corazón herido a Dios y le pedí que me ayudara a superar esta nueva pérdida. Quizás pienses que actué mal, o que soy una mujer muy buena, pero estos procesos drenan tanto que te llevan a un nivel elevado de cansancio emocional. Aunque les confieso, que el cansancio aportó a tomar la decisión, mi determinación más bien se basó en que descubrí mi identidad en Dios. Él me había creado para lugares de altura y con mi condición de codependencia, de víctima y de mujer dolida me estaba manteniendo muy pegada del suelo. Que el valor como mujer tenía que venir de mí y no de nadie más.

No fue fácil
salirme del panorama de ser esposa...

El pacto matrimonial ya había sido roto, violado y alterado. ¡Ya no podía más! Mi hijo tenía que ver mi renacer, la nueva versión de mí; la mujer que Dios estaba levantando del polvo. Todo inició con una decisión y dando pasos de fe. Durante el proceso, antes de tomar la decisión de divorciarnos, pasé por diferentes situaciones donde me tocó callar y ser sabia. ¡Algo que tampoco fue fácil! Como humana, quería reaccionar con gritos, rabietas, peleas e insultos. Sin embargo, la identidad que Dios me estaba revelando a través del proceso me mostraba que no eran mis fuerzas, sino las de Él; que no era mi justicia, sino la de Él. Cuidar mi corazón para mantener mis emociones estables me llevó a pedirle a Dios en una oración insistente que no me permitiera ver nada que mi mente no pudiera manejar. Sin embargo, Él me dejó saber ciertos detalles que me ayudaron a mantenerme firme en la decisión. Hoy puedo decir que todo fue un asunto del Espíritu Santo. Sin Su compañía hubiese dicho y hecho tantas cosas erróneas. Tuve que cerrar mis oídos a los "buenos" consejos de las personas. El mundo te aconsejará para que operes en tu humanidad, pero el Espíritu Santo te llevará a operar en hacer lo correcto y no lo que tú crees que es "bueno". En la Palabra dice: "El corazón humano es lo más engañoso que hay, y extremadamente perverso. ¿Quién realmente sabe qué tan malo es? Pero yo, el SEÑOR, investigo todos los corazones y examino las intenciones secretas. A todos les doy la debida recompensa, según lo merecen sus acciones». (Jeremías 17:9 NTV)

Cuando sucedía alguna situación que me causaba dolor me iba en oración y le pedía a Dios que no quitara Su mano sobre mí y que siempre prevaleciera Su justicia. Lloré y sufrí, como todos en un proceso como este, pero nunca estuve sola. Su cuidado continuó siendo uno muy especial. Seguí con mi vida como madre soltera y todas las responsabilidades que eso conlleva.

Cuidar mi corazón
para mantener mis emociones estables me llevó a
pedirle a Dios en una oración insistente
que no me permitiera ver nada que mi mente no pudiera manejar.

Durante este periodo no estaba congregándome. En mis oraciones le pedía a Dios con insistencia un lugar para congregarme, ser plantada y crecer espiritualmente. Donde pudiera cumplir mi propósito y honrarlo por todo lo que había hecho por mí. Mi petición fue contestada. A mi trabajo llegó una joven llena de Cristo. Comenzamos a hablar y nos dimos cuenta de que teníamos muchas cosas en común. Ella vio mi necesidad de tener una casa donde congregarme y me invitó a una reunión de su congregación. Desde entonces comencé a visitar Casa de Adoración y Restauración en San Juan, Puerto Rico, la cual se ha convertido en mi casa. Dios sabía dónde llevarme, todo estaba dentro de Su divino plan. Me regaló una amiga y hermana, Linoshca Nieves Grimaldi. También me regaló una gran líder y mentora, la pastora Peggy Rodríguez Figueroa y los mejores padres espirituales, los apóstoles Rolando Casillas y Lymari Cruz. De haber perdido a mis padres y amistades Dios me regaló toda una nueva familia.

... hay unas cosas que debes soltar para que *sanes*.

Cuando llegué a Casa de Adoración y Restauración estaba destruida, pero Dios se encargó de sanar mis heridas y restaurar mi vida. Pude experimentar Su paternidad. ¡Conocí a mi Abba Padre! Dios sanó mi corazón porque tiene el poder para hacerlo y yo me dispuse a que lo hiciera. Cuando Dios está trabajando, te revelará que hay unas cosas que debes soltar para que sanes. La obediencia a Él te llevará a dejar cosas que ya no son útiles en tu vida; por consecuencia experimentarás la bendición y la sanidad. Ahora bien, vendrán situaciones que tocarán tu corazón, donde quizás traerá a tu mente situaciones que te quebrantaron en el pasado. Yo digo que Dios permite o te expone a que pases esa situación por dos cosas. Para que te des cuenta de que ya te sanó o para que sepas que todavía esa herida está abierta y debes permitirle que trabaje más profundo.

En mi experiencia cuando eso ocurrió, le di la gloria a Dios porque pude sentir un corazón fortalecido en Él. El gozo y la paz que se siente al saber que tu Padre curó una herida del pasado, te hace sentir más fuerte. Que pasaste por ese camino al cual lo llamaste desierto y pudiste salir con A de AUTORIDAD. Ahora tienes la llave de autoridad sobre ese desierto, podrás ser empática y ayudar a quienes lamentablemente pasen por el mismo camino. Este camino hizo sacar lo mejor de mí. Dios cambió mi lamento como dice en Su Palabra: "Convertiste mi lamento en danza; me quitaste la ropa de luto y me vestiste de fiesta, para que te cante y te glorifique, y no me quede callado. ¡SEÑOR mi Dios, siempre te daré gracias!" (Salmos 30:11-12 NVI)

Agradezco al Padre por darme el privilegio de pertenecer a la congregación Casa de Adoración y Restauración de San Juan. Ha sido una pieza sumamente importante en mi restauración. Haber llegado con hambre y ganas de servir en el Reino de Dios y conectarme con la visión de la casa me hizo entender mi propósito. Me reveló para lo que Dios me diseñó y lo que depositó en mí desde el vientre de mi madre. Dios, desde la eternidad, orquestó un plan para mi vida y al disponerme ha sido como ver todas las piezas de un rompecabezas ir encajando a Su tiempo.

Todo inició con una decisión y dando pasos de fe.

Decide soltar lo que no te deja avanzar hacia tu propósito y dispón tu corazón. Dios cambió todo en mi ser y renovó mis vestiduras. Soy una mujer con vestiduras renovadas. Mi vida ha sido un antes y un después. Él me hizo nueva. Estoy tan agradecida. Si lo hizo conmigo lo hará contigo. Te desafío a que perdones tu pasado y lo sueltes. A que le pidas al Padre que renueve tu ser, tus vestiduras y te conecte a la visión de una casa (iglesia) para iniciar tu transformación hacia tu propósito en Él.

Querida lectora:

La consejera pastoral Damaris Torres nos da su perspectiva desde su experiencia brindando servicios a mujeres que sienten sus vestiduras rasgadas.

A través de mi práctica como consejera pastoral he visto la manera en que muchas personas pierden su amor propio para ser codependiente de un esposo, un novio, o un amante. Dejan de ser quienes son para convertirse en otra persona y complacer al ser que dicen "amar". Así es como una relación se empieza a deteriorar. Se presentan unas conductas inapropiadas. Por ejemplo: mirar con agrado otra persona, llegadas tardes a la casa o cargos de gastos inusuales a las tarjetas de créditos, entre muchas otras más. Entonces se cae en el error de disculpar maltratos verbales o hasta físicos, porque lo "amamos". De esta manera, poco a poco, nuestras vestiduras de princesas se convierten en harapos. Y nos preguntamos, ¿qué me ha pasado? Hemos violentado el primer mandamiento que Jesús nos dio: "amarás a tu prójimo como a ti mismo". Él nos dijo debemos amarnos a nosotros mismo antes de amar a nuestro prójimo.

Así que, para comenzar el proceso de ser una mujer de vestiduras renovadas, tengo que amarme a mí para poder amar a mi prójimo. Como dice la autora, este proceso debe ser multidisciplinario con ayuda de consejeros, pastores, mentores que te ayuden a empoderarte para ser esa mujer que Él dice en Su Palabra. ¿Sabes cómo Dios ve a la mujer? Virtuosa, coherederas de la gracia, la niña de Sus ojos, linaje escogido, real sacerdocio, nación santa, pueblo adquirido por Dios, comprada a precio de sangre, escogida para traer a Su hijo a la tierra y a toda la descendencia de la tierra. ¿Quieres saber algo más? Dios culminó la obra de la creación con la mujer. SOMOS EL SELLO DE LA CREACIÓN. ¡Wao! esto y más dice Su Palabra de la mujer. Es momento de creerlo y comenzar a cambiar los harapos por las vestiduras renovadas que Él tiene para ti. Vive tu vida para glorificarle y para ser todo lo que Él dijo de ti. ¡Atrévete, hoy es ese día!

Luego de las palabras de la consejera, quiero que analices si has sentido que tus vestiduras han sido rasgadas. De ser así, te exhorto a que busques ayuda.

Quiero que sepas que tú perteneces al cuerpo de Cristo. Si aún no tienes una iglesia, te invito a que aceptes al Señor Jesús como tu Salvador y vengas a disfrutar de la vida en Él. ¡Hazlo y te sorprenderás! Hoy es un buen día para una transformación de tu interior hasta tu exterior y renovar tus vestiduras.

Oración

Señor Jesús, hoy reconozco que mi vida sin ti no tiene el sentido para el cual fui creada. Por eso, hoy tomo la decisión de aceptarte como mi Salvador. Quiero ser Tu hija. Activa ese propósito en mi corazón para cumplir con lo que ya predestinaste para mí.
En el poderoso nombre de Jesús, amén.

CAPÍTULO 6

Esperanza es una palabra que escuchamos a menudo en diferentes expresiones. Están las personas que dicen "si hay vida, hay esperanza", "tu ayuda es la única esperanza que me queda" y "lo último que se pierde es la esperanza", entre otras más. Yo había perdido la esperanza en el amor. Llegué a creer la mentira de que los hombres no amaban a las mujeres. Podía ver matrimonios a mi alrededor, donde el esposo le enviaba flores o regalos a su esposa y yo lo veía como una mentira. Muchas veces llegaba a mi pensamiento "los hombres no aman" a pesar de haber crecido viendo a mi papá honrar y amar a mi mamá. De alguna forma, dejé que esa mentira nublara mi mente y se alojara en mi corazón.

Ahora sé que era un método de defensa, un caparazón para evitar ser herida nuevamente. En un punto de mucha confusión, me realizaba preguntas intentando analizar mi conducta y solo pensaba que el modelaje de mis padres había sido bueno y por eso no entendía la situación por la que estaba atravesando. Mis padres habían tenido un matrimonio saludable y nunca evidenciaron una conducta que afectara Su pacto. Así que, buscaba dentro de mí alguna explicación y llegaba al mismo punto. Me decía: "Leyza, estás herida, confundida, tienes que amarte a ti primero para ser capaz de amar saludablemente a otros, sin miedo a que te vuelvan a herir".

Continuaba con los cuestionamientos, pues lo vivido en mi divorcio me había marcado, pero sabía que mis respuestas las encontraría en Dios, en Su Palabra y en el consuelo de Su Espíritu Santo. A medida que Dios fue obrando en mi ser, transformó muchas áreas que estaban profundamente heridas. Entendí que evadir o evitar el dolor estaba atrasando mi restauración y sanidad. Así que, disponer mi corazón, congregarme y honrar a Dios a través del servicio, fueron los primeros pasos de fe para mi libertad y nueva esperanza. De esta manera, provoqué que se manifestara la sanidad integral en mi vida a través de Cristo Jesús. Cada vez que me congregaba estaba siendo empoderada con mayor conocimiento de la Palabra de Dios y crecí en muchas áreas de mi vida a través del servicio y la honra. Comencé a amarme y a dedicarme tiempo. Ese tiempo lo aprovechaba para organizar mi mente y mantenerme enfocada en lo que Dios estaba haciendo conmigo. Recibí muchas palabras de parte de Dios, las cuales han sido como el mapa que revela cuál es mi propósito, para qué fui diseñada y lo que vengo a cumplir aquí en la Tierra. Desde este momento, amo mi propósito. Amo mi identidad de hija, amo servir y honrar a mi Padre a través de mi vida. Amo haberme roto en mil pedazos y llegar al lugar donde Dios me restauraría, me levantaría del polvo y activaría en mí todo lo que había depositado. Todo esto fue a través de haberle dicho: "llévame a donde te serviré y echaré raíces". Dios no tomó mi palabra en vano. También amo eso de mi Padre. Como dice una porción del Salmos 4:3 (NVI) "… el Señor me escucha cuando lo llamo".

Aunque habíamos dado el paso de formalizar la relación, todavía existían unas cositas en mí que necesitaban *intervención divina.*

Para noviembre de 2016, mi mejor amiga y su novio contrajeron nupcias. En esa boda me hablaron de que me querían presentar al primo del recién esposo. Para ese tiempo, el amor aún no estaba en mis planes, así que descarté conocerlo. Para el 24 de diciembre de ese mismo año, mi mejor amiga me invitó a la fiesta de Nochebuena en la casa de su suegra (mi mentora y líder). Así que fuimos los tres juntos: su esposo, ella y yo. Al entrar a la fiesta, mi amiga me presentó a los tíos de su esposo y luego saludé a los invitados que ya conocía. Al cabo de unos minutos me percaté de que estaba el mismo joven de la boda. Entre conversaciones con los invitados, de momento, comencé a hablar con él. Entre chistes y excelentes atenciones de su parte llamó mi atención. Recuerdo que esa noche mientras caminaba al carro me dije: "tiene una sola oportunidad, si no me pide el número de teléfono ahora no se lo daré en otro momento". Pues no me lo pidió, sino que me dijo:

"apunta mi número". Mi reacción fue en tono defensivo, "yo no te voy a llamar, si quieres apunta el mío", y lo apuntó. Yo siempre a la defensiva. El joven esperó como unos 10 minutos y me llamó. Hablamos por teléfono hasta que amaneció. Parecíamos dos adolescentes haciendo chistes. Así iniciamos nuestra historia.

Luego de varios meses conociéndonos, formalizamos con una relación de noviazgo. Aunque habíamos dado el paso de formalizar la relación, todavía existían unas cositas en mí que necesitaban intervención divina. Era una situación entre mi Creador y yo. No era de un hombre y yo. Yo debía seguir permitiéndole a Dios que trabajara con la restauración de mi corazón.

Al inicio de mi relación con Gabriel (ese es su nombre) me costó expresar mis sentimientos. Me tomó un tiempo creer en lo que me decía. Sé que fue un tiempo difícil para él, ya que sentía que estaba pagando por lo que otra persona me hizo. Me sentía mal por tener muchas veces esa actitud hacia él. Algo que nos ayudó fue que cuando nos hicimos novios ya asistíamos a la misma congregación. Allí nos expusimos a la Palabra de Dios, la cual siempre ha sido lumbrera a nuestro camino.

También asistimos a talleres para aprender cómo maximizar nuestra relación con Dios y con nuestra pareja. Estos talleres nos ayudaron a descubrir y conocer los temperamentos de cada cual. Para nosotros fue pieza clave, ya que entendimos que no debemos molestarnos por el diseño con el cual Dios creó a nuestra pareja. Hemos decidido respetarnos, comprendernos y honrarnos, a pesar de venir de dos crianzas diferentes. Al exponerme a estos talleres pude percatarme de cuales eran los errores que había cometido y que persistían en mí. Al recibir juntos está información, Gabriel me ayudó a ver cosas en mí, de las cuales yo ni siquiera me había percatado. Aprendimos a complementarnos.

Ten tu esperanza puesta en *Dios.*

Cabe una posibilidad de que estés esperando a esa pareja "perfecta", pero creo que lo importante es establecer una relación con una persona que esté dispuesta a dar el 100 al igual que tú. Que le sume a tu vida y no le reste. Que ambos reconozcan que tienen un propósito y que ayudarse mutuamente los llevará al cumplimiento de estos. Siempre habrá situaciones, pero si están en acuerdo, encontrarán la manera de llegar a una solución saludable. También es importante reconocer el rol de cada uno y entender que somos seres humanos con fortalezas y debilidades, y que las mismas pueden ser transformadas por el Espíritu Santo.

Ten tu esperanza puesta en Dios, quien lo ve todo, nada se escapa de Su presencia. Hay ataduras que pasan desapercibidas en nuestra conciencia, pero habitan en nuestro inconsciente. Estas pueden verse reflejadas cuando nos pasa alguna situación no grata. Pídele al Espíritu Santo que te revele qué atadura está obstaculizando tu crecimiento para que las trabajes a conciencia y tengas la efectividad necesaria. De esa manera, verás el avance que el Padre quiere darte en aquella área de tu vida que lo necesita.

Querida lectora:

Recuerda bien esto… a veces Dios pondrá en tu camino personas dirigidas por Él para ayudarte a ver lo que tú no ves, a darte mentoría para eso que necesitas trabajar. Hoy te digo, acepta la amonestación que viene con amor para corregirte y alinearte. Si aun así lo tomas de mala manera y te sientes ofendida, sabes que eso es parte de lo que debes trabajar, ya que es muestra de que tienes un carácter en proceso de maduración. El Padre quiere que te veas como Él te ve: COMPLETA, con una identidad dada por Él. Eres hija, eres heredera, eres amada, eres la niña de Sus ojos, eres por quien nunca duerme, eres tanto para Él, que la lista nunca acabaría. ¡Decide soltar y volar en tu libertad integral!

Quiero ser parte de tu restauración. Por es, hago esta oración para que puedas ser libre de las ataduras y tengas una nueva esperanza.

Oración

Padre, oro a ti por esta persona que hoy tuvo la
oportunidad de leer parte de mi historia. Historia que
reveló mi identidad de hija y que en Cristo está guardado
mi corazón y esperanza. Así como me levantaste,
levántala; así como me reconstruiste, reconstrúyela; así
como me liberaste, libérala; y así como me diste una
nueva esperanza, revélale a ella que a través de Cristo su
esperanza está garantizada. Espíritu Santo, dirígela a que
la libertad inicia en un cambio de mentalidad para que
luego se vuelva en un cambio integral.
Declaro que Tu fiel amor ordena su vida porque, de hoy
en adelante, ella dispondrá su corazón, mente, alma y
espíritu para ver su liberación y esperanza manifestada.
Pudieron haberla roto en mil pedazos, pero hoy ella toma
la decisión de cambiar su escenario a uno de VICTORIA.
¡Aleluya!
Oro en el nombre del que cambió hace mucho el
escenario de toda una humanidad, Jesús. Amén.

CAPÍTULO 7

Dios
revela Su paz

El huracán María, en septiembre de 2017, fue uno de los momentos más difíciles para Puerto Rico. Cuando tenía 6 años, experimenté el huracán Hugo y en mi adolescencia el huracán George. Toda mi vida he vivido en el llano, por lo que nuestras residencias son propensas a inundaciones. Conozco lo que son las inundaciones a causa de las tormentas, en especial las provocadas por la tormenta Hortensia. Sin embargo, nada se puede comparar a lo vivido durante el huracán María.

Esto provocó terror, angustia y devastación.

Una semana antes había pasado el huracán Irma, dejando desoladas otras islas del Caribe y a Puerto Rico solo con algunos estragos. Tuvimos varios días sin luz y sin agua, pero lograron restablecer los servicios en gran parte de la isla. El 20 de septiembre de 2017 fue el día que cambió la historia de los puertorriqueños. El huracán María entró a la isla como categoría 4, sin embargo, sus vientos sostenidos de 155 millas por horas arrancaban o rompían todo a su paso. Adicional, trajo consigo lluvias torrenciales que dejaron hasta 40 pulgadas de agua. Se desbordaron ríos, lo que causó inundaciones en los 78 municipios. Esto provocó terror, angustia y devastación.

Recuerdo haberme quedado en casa con Gabriel y mi hijo. Habíamos preparado un plan en caso de una inundación. Hablamos con mi familia, quienes son mis vecinos y todos estábamos preparados. En la mañana del 20 de septiembre iniciaron los fuertes vientos con lluvia. Se escuchaba el viento golpear las puertas, ventanas y planchas de metal que teníamos en una casita, ubicada en la parte de atrás de la casa. Podíamos ver cómo todo era arrastrado por los fuertes vientos y nuestra puerta de entrada parecía querer desprenderse. Una vez pasaron los fuertes vientos salimos a ver los estragos, aunque aún llovía. Cerca de mi casa hay un pequeño caño (un caño es un curso de agua marina que se interna en terrenos fangosos de marismas y cuya profundidad y apariencia cambia en función de las mareas). Al cabo de varias horas, el agua comenzó a entrar a nuestras casas. No había manera de detener la corriente de agua que entraba a las casas. Recuerdo que en un momento dado una persona comenzó a gritar por la calle que el mar había entrado a las casas cerca de la costa. En ese momento todos entendíamos que una vez abrieran las represas de los ríos el impacto de las corrientes de agua iba a ser mayor de lo imaginado… y así fue. Por horas vimos cómo el agua seguía ganando terreno y nos dejaba con menos tierra. Mis vecinos y yo jamás imaginamos que la inundación sería de tal magnitud. En la comunidad estuvimos unidos, tomamos decisiones como equipo y nunca nos separamos. Recuerdo que decidimos darnos un baño, antes de que anocheciera. Como la casa estaba llena de agua, decidimos ir afuera. Los niños se bañaron con el agua que se había guardado, pero los adultos nos bañamos con el agua que caía del techo de la casa por los tubos del desagüe. Hoy día veo esos tubos y recuerdo de ese momento. ¡Aprendimos a improvisar!

Al caer la noche nos quedamos en una total oscuridad, aunque en ciertas casas se podía ver un poco de luz, debido a los generadores eléctricos. Hubo una iglesia que sirvió de refugio y repartió comida para toda la comunidad. Mi familia decidió dormir en los carros y nos estacionamos en el patio de un vecino. Allí pasamos la noche. Fue una de las noches más largas de mi vida. Comencé a sentir síntomas asociados a un ataque de ansiedad: nerviosismo, tenía unas ganas incontrolables de llorar y gritar, y sentía que perdía el control de mis esfínteres. Oré en mi mente toda la noche declarando paz. Entiendo que fuimos muchos los que nos sentimos así durante las primeras horas después de la devastación del huracán. Sentí felicidad cuando comencé a ver los primeros rayos del sol, pero la situación apenas comenzaba.

Poco a poco comenzamos a salir de los carros para llegar hasta nuestras casas. Al entrar a mi hogar, todo estaba flotando. El mal olor y la suciedad estaban por todos lados. Fue impresionante ver cómo había quedado mi casa. Antes de continuar, quiero contarles algo que hicimos mi hijo y yo, previo de que llegara el huracán. Mi hijo y yo ungimos la casa. Oramos y le pedimos a papito Dios que si entraba agua no se dañaran los enseres eléctricos tales como: nevera, lavadora y secadora. Quizás pienses, "pero lo más importante es la vida, lo demás se vuelve a comprar". Sí, opino igual, pero sabía que económicamente recuperar esos enseres iba a ser complicado. Hoy les puedo contar que boté muchas cosas, sin embargo, esos enseres eléctricos antes mencionados, recibieron el impacto del agua, pero todavía funcionan.

¿Esto no se parece a algo que hayas experimentado en una situación personal en tu vida? Donde tu mente es atacada con una lluvia torrencial de pensamientos dañinos. Donde los fuertes vientos te hacen perder las fuerzas y cuando ya no puedes más te dan ataques de pánico o ansiedad por soportar tanto. Entonces, cuando viene la ayuda, encuentran todo desorganizado en tu interior. No sabes si quedarte apegado a lo viejo, aunque sea basura y tenga mal olor.

> Dios nunca nos abandonó. Experimentamos la *provisión* de Dios como nunca.

En medio de las crisis Dios siempre ha cuidado de mi corazón, porque así se lo he pedido. ¿Por qué? Porque sé que del corazón mana la vida. Somos vulnerables cuando nos tocan las emociones que provocan sentimientos de dolor y tristeza, porque siendo seres emocionales podemos perder el enfoque de hacer lo correcto.

¿Sabes qué? Como hija de Dios tengo una convicción, y es que siempre nos anticipará a que pasaremos por un proceso o prueba. Nos anticipa para que estemos preparados de manera integral (espíritu, alma y cuerpo). Lo sé, porque lo hizo conmigo, me avisó de que vendría un tiempo de decisiones difíciles y me acompañó. Gracias papito Dios por Tu amor y cuidado siempre. ¡Te amo!

Aprendí mucho de este proceso. Fue una prueba colectiva, fuimos muchos los que sufrimos los estragos del huracán. Estuve durmiendo fuera de casa varios meses. Fue duro tener casa y no poder estar en ella. Ver que otra vez estaba teniendo otra pérdida, me generaba tristeza y hasta sentí cansancio. Lo material que antes tenía valor para mí se había convertido en basura.

En otros procesos había aprendido a soltar, pero en este me vi fuera de mi zona de comodidad. Recuerdo que en un momento hice una oración a toda voz, donde mirando al cielo dije: "yo te seguiré adorando, no importando mi estatus, yo te seguiré adorando y creyendo en ti. ¿Me escuchaste?"

Volvimos a sentirnos en una incertidumbre, porque *los terremotos* llegan sin avisar...

Dios nunca nos abandonó. Experimentamos la provisión de Dios como nunca. Viví pequeños milagros. En mi mente le decía al Padre lo que necesitaba y en varias horas aparecía. Una mañana, hablando con Gabriel le dije: "necesitamos jabón, pasta de dientes, toallas sanitarias y otras cositas" y, en la tarde, mi hijo apareció con una caja que le dieron en la escuela con todo lo que necesitábamos y más. No sé si tú has experimentado este tipo de provisión de nuestro Yahweh-Jireh (el que provee), pero lo viví y lo sigo viviendo. Regresé a mi casa con menos cosas, pero agradecida de mi Abba Padre por Su cuidado y amor incondicional.

Puerto Rico se ha ido levantado con el favor y la gracia de Dios. Fueron muchos los que se fueron del país, lo que murieron por muerte natural o suicidio. Las personas recuerdan el evento atmosférico de diversas maneras, pero tienen una en común, y es que fue un tiempo de unirnos como pueblo. La provisión de ayuda llegó de muchos países. Fue hermoso ver tanto amor hacia la isla del cordero, Puerto Rico.

Al cabo de 3 años, Puerto Rico fue sorprendido por un terremoto magnitud 6.6 (M_w) que ocurrió en la costa suroeste de Puerto Rico el 7 de enero de 2020 a las 4:24 a.m. Toda la isla sintió el terremoto. ¿Qué provocó esto en el puertorriqueño? Volvimos a sentirnos en una incertidumbre, porque los terremotos llegan sin avisar, contrario a los huracanes para los cuales podemos prepararnos. Había temblado el día 6 de enero 2020 y esto provocó que algunas estructuras se cayeran y otras se agrietaran, pero el terremoto del 7 de enero causó más devastación. La ansiedad de los puertorriqueños se elevó al punto de casi no tolerar un pequeño movimiento. Muchos dormían fuera de sus casas en casetas de campañas o en los carros, por miedo a que sus casas le cayeran encima.

Hay muchos testimonios de personas que tuvieron que salir corriendo esa madrugada porque el ruido de la tierra y el movimiento fue impresionante. Puerto Rico es una isla bendecida, rápidamente comenzamos a recibir ayuda de los mismos puertorriqueños de adentro y fuera de la isla.

Una vez más, de manera colectiva, vimos la mano de Dios cuidando de Su pueblo. El cuerpo de Cristo se levantó y se reunían en diferentes plazas para orar por Puerto Rico, hacían clamores y se desbordaron en ayudar. Todavía, mientras escribo estas letras, hay personas sin casa, durmiendo en casetas de campañas y otras por el trauma se fueron a otro país. En menos de 3 años Puerto Rico enfrentó dos eventos que sacudieron los cimientos de la isla. Pero, la voz y mano de Dios no se ha limitado. Él sigue levantando hombre y mujeres del Reino de Dios para llevar las buenas nuevas de salvación. Revelando Su esperanza a través de Cristo Jesús, ya que todo ha sido ganado por Él. Dios quiere vernos bendecidos para bendecir a otros. Puerto Rico es y seguirá siendo la isla del cordero. Porque somos Sus hijos, porque somos hechura Suya, porque somos nación santa y pueblo escogido por Él.

Sin embargo, para finales del 2019 y al presente del 2021, el mundo entero ha comenzado a experimentar los que es el principio de dolores. Estamos atravesando por una pandemia. Dios ya lo había anunciado en Su Palabra, así que entramos en una temporada de aferrarnos a la fe a través de Cristo. Debemos hacer como nos dice Su Palabra en Efesios 6:13 "Por tanto, tomad toda la armadura de Dios, para que podáis resistir en el día malo, y habiendo acabado todo, estar firmes".

Querida lectora:

Se ha puesto difícil el camino para todos, sin embargo, a través de Cristo podremos soportar. Él nos da la fuerza, la convicción y la paz, para continuar hasta que culminemos nuestro propósito aquí en la tierra. ¡Vamos, que no se abata ni se turbe tu alma!

Tres consejos que me han ayudado en momentos duros:

1. Cierro mis ojos, respiro profundo mientras escucho una música instrumental que me relaje.

2. Cuando empiezo a sentir calma, escribo en una libreta cómo me siento para ventilar mis emociones.

3. Al cabo de un rato de haber conectado con esas emociones, me hablo a mí misma, repitiéndome las promesas de Dios para con nosotros. Busco en Su Palabra las promesas, las leo varias veces y oro sobre las mismas. Verás que, si añades fe, todo cambia. ¡Inténtalo, funciona!

Algunas promesas que puedes encontrar en Su Palabra:
-Salmos 138:3
-Salmos 34-4
-Salmos 34-15
-Mateo 11:28
-Juan 16:33

Oración

Oramos por lo que perdieron sus casas o familiares que aún no se recuperan de la pérdida. Oramos por los países que están pasando por escases de alimentos y que no tienen los servicios básicos. Oramos para que la mano de Dios siga a favor de Su pueblo. Vivimos agradecidos porque las temporadas nos son eternas y por eso hoy declaramos la Palabra de Dios que dice en 2 Corintios 4:17 (NTV) "Pues nuestras dificultades actuales son pequeñas y no durarán mucho tiempo. Sin embargo, ¡nos producen una gloria que durará para siempre y que es de mucho más peso que las dificultades!" Amén.

Nuevos
comienzos

Gabriel y yo superamos el difícil proceso que causó el paso del huracán María. Él fue de gran ayuda para mi hijo y para mí. Pude conocer lo determinado que es y la manera en la que resuelve las situaciones. Aunque por mi trabajo estoy acostumbrada a laborar siguiendo un plan, no era algo que acostumbraba en mi vida personal.

Para enero 2018, Gabriel me pidió matrimonio y acepté. Fue un momento muy íntimo. Él cocinó, puso música de fondo y conversamos. De momento, se arrodilló y me dijo: "Leyza Joanis Reyes Cotto te casarías con Gabriel Omar Acevedo Rodríguez". Nunca lo había visto tan nervioso, pero fue muy caballeroso y amoroso. Todavía puedo cerrar los ojos y revivir el momento.

Entonces, recibí una palabra en mi espíritu que decía:
"Hoy tomaste una decisión importante en tu vida.
Tienes que pedir perdón, cerrar para que puedas
iniciar con lo nuevo".

Luego, como era domingo y mi hijo se encontraba con su papá, fuimos a buscarlo. Cuando íbamos de camino teníamos una charla muy amena, de repente, sentí en mi espíritu que Dios quería hablarme. Le hice señas a Gabriel para que me diera un momento. Entonces, recibí una palabra en mi espíritu que decía: "Hoy tomaste una decisión importante en tu vida. Tienes que pedir perdón, cerrar para que puedas iniciar con lo nuevo". Les confieso que pensé "es momento de estar feliz, no triste", pero fui obediente. Cuando llegué a buscar a mi hijo fui donde su padre y le dije: "Quiero pedirte perdón por no haber sido una buena esposa". Su reacción fue: "mucho te tardaste", pero igual lo aceptó.

Lo que mi exesposo no sabía era que durante nuestro proceso de separación y divorcio yo le había pedido a Dios que si yo era quien tenía que pedir perdón, Él prepara el momento indicado. Así lo hizo mi Padre Celestial, porque Su tiempo siempre será el correcto. Hablamos por unos minutos y nos retiramos. Sentí un alivio tan grande en mi ser, finalmente había cerrado ese ciclo.

Mujer, independientemente de lo que alguien te haya hecho, si pedir perdón te liberara de esa atadura te invito a que lo hagas. Tu libertad en Cristo no se le entrega a nadie; tu libertad está anclada en Jesús, quien ya lo venció todo por ti y por mí.

No es rebajar tu autoestima, se trata de libertad integral: alma, cuerpo y espíritu. El perdón tomará tiempo, pero siempre es necesario dar el primer paso. Cuando perdonas o pides perdón le envías un nuevo mensaje a tu mente, que estás cambiando tu manera de pensar y, por consiguiente, que ya no vas a operar bajo un corazón endurecido, sino uno que está siendo transformado por quien lo diseñó. Sabemos que la falta de perdón endurece el corazón y es como un veneno para otras áreas de tu vida. Solo el perdón, bajo una cubierta del amor de Dios, te hace libre. Perdonar y soltar te abre un camino de paz y gozo. Hoy decide ser feliz y continua tu vida siendo dirigida por quien fuiste diseñada, por Dios.

Durante los preparativos de la boda vimos el apoyo de la familia y amigos. Les cuento que Gabriel es uno de los pocos hombres que conozco que se disfrutó el proceso: seleccionó el pastel, organizo la luna de miel y escogió al séquito. Tuvimos un séquito en el que predominaban los hombres, 15 fabulosos hombres guapos abrieron camino para que yo llegara a mi futuro esposo. Fue como haber ido con todo un batallón de caballeros guardianes. Fui entregada por mis hermanos. La sensación de caminar y saber que mis padres no estaban para presenciar este nuevo comienzo en mi vida me dio sentimiento. Fue una ceremonia íntima y muy bonita. Disfrutamos mucho y tenemos excelentes recuerdos de ese día.

Vivo agradecida de mi Padre por haberme dado la oportunidad de tener una nueva oportunidad de tener un sacerdote y un gran líder para ser su ayuda idónea. Ahora somos una familia de 5. Al unirnos, nuestros hijos y familia así también lo hicieron. Somos una familia reconstruida, lo que implica que hemos pasado por etapas de acoplamiento mediante la convivencia para desarrollar un vínculo de amor familiar. Ha sido algo nuevo para todos, pero con paciencia, amor y dirigidos por Dios lo estamos logrando. En este día que me encuentro escribiendo estas líneas llevamos 2 años de casados. Sé que tendremos muchas experiencias que compartiremos en un futuro.

Crecí en una familia de 5 y hoy día tengo una familia de 5. Le doy gracias a Dios por haberme capacitado para poder ser la ayuda idónea de mi esposo y madre de 3 varones que necesitan de amor y comprensión. ¡Soy bendecida! A ti mujer que quizás se te ha hecho difícil establecer una relación con una persona que al igual que tú ya tiene hijos, te exhorto que le entregues tus emociones al Padre para que Él te enseñe cómo amar los hijos de tu pareja, al igual que a los tuyos. Es una decisión que debes tomar, ya que amar es una decisión. Humanamente tenemos la capacidad de decidir a quien vamos a amar y quien no vamos a amar.

No te exijas ser perfecta,
pero sí esa mujer que Dios ha forjado en ti
capaz, esforzada y valiente.

Cuando comencé a conocer a Gabriel tuvimos muchas conversaciones y muchas de ellas fueron acerca de los hijos. Éramos dos adultos con hijos, así que, si nos uníamos, no iríamos solos a iniciar una familia. ¿Qué te quiero decir? Si como mujer quieres tener toda la atención de tu amado, pero este tiene hijos, date cuenta de que tendrás que aprender a compartirlo y estar de acuerdo con que sus hijos demanden tiempo de calidad con él. Si crees que no podrás adaptarte te exhorto a que revalúes lo que quieres para tu vida. Es importante asegurarte de que, si vas a unir tu vida con alguien que ya tiene hijos, te comprometas contigo misma a adaptarte, a amarlos y hacer lo correcto para el bien de tu nueva familia. No te exijas ser perfecta, pero sí esa mujer que Dios ha forjado en ti capaz, esforzada y valiente.

Ha sido algo *nuevo* para todos.

Cada vez son más las parejas que se dan nuevas oportunidades de volver a amar. Te comparto algunos consejos acerca de mi experiencia al darme una nueva oportunidad:

1. Fomentar una buena comunicación basada en el amor y el respeto. Por más que me crea que tengo la razón, siempre le digo al Espíritu Santo que me ayude a decir las palabras correctas. ¡Me ha funcionado!

2. El hombre se siente amado cuando se le respeta, así que, partiendo de eso, he aprendido a llegar a acuerdos y no imponerle mis criterios. ¡Somos un equipo!

3. Amar a sus hijos como si fueran míos. Ellos se sienten amados cuando amamos a sus hijos. Ponerte en contra de sus hijos, provoca un abismo sin fin. ¡Cuidado! Recuerda que nuestra naturaleza es de ser edificadoras y no destructoras. Te recuerdo lo que dice en Proverbios 14:1 "La mujer sabia edifica su casa; más la necia con sus manos la derriba."

4. Finalmente, busca fomentar una relación sana con los hijos de tu amado. Si sientes que ellos no te han aceptado, dales tiempo. Durante ese tiempo siembra en ellos amor con pequeños actos de servicios que les demuestres que ellos te importan. Poco a poco con la ayuda de Dios todo fluirá. Recuerda que también buscar ayuda de profesionales de la familia es una herramienta que pueden utilizar.

Oración

Ahora bien, si hasta este momento te ha costado amar y crear un vínculo saludable con los hijos de tu pareja y tu interés es hacerlo, te motivo a que hagas esta oración:

Padre, Tú que me creaste y me conoces más que a nadie en este mundo, reconozco que puedo ser una mejor versión de mí ante mis hijos. Quita todo aquello que impida que yo no pueda amar abierta y profundamente a los hijos de mi esposo. Ellos necesitan una madre que los ame y los comprenda. Enséñame a verlos como Tú los ves y dame sabiduría para aconsejarlos en los momentos que necesiten dirección. Que Tu cuidado hacia mí sea extendido sobre mis hijos que son el legado que Tú me regalaste para dirigirlos a su propósito. No hay tiempo que perder, el tiempo es ahora. Te pido perdón por el tiempo que he perdido. Ahora, que Tú tienes el control de mis emociones, sé que mis días serán guiados para llevar a mi familia a otro nivel. En este momento, rompo con cualquier mal generacional que quiera arrastrarlos a no cumplir con lo que ya Tú predestinaste para ellos desde la eternidad. Declaro que hoy es un antes y un después en mi familia. Tengo la convicción de que Tu Espíritu Santo siempre me llevará a toda verdad. Te entrego mi familia, son Tuyos. Hoy y siempre te estaré agradecida por la encomienda que has puesto en mis manos de dirigir a esta generación con destino profético. ¡Te amo Dios! En el nombre de Jesús. Amén.

Legado

(Antes de iniciar este capítulo busca un lápiz).

Durante mi adultez he visto cuánto heredamos de nuestros padres. No solo me refiero a lo material, sino a los valores que nos enseñaron, la manera en que se enfrentaban a las situaciones, cómo trataban a las personas y se relacionaban con ellas. Para bien o para mal, los padres son modelos de los hijos.

Como terapeuta del habla y lenguaje de profesión, en cada terapia soy el modelaje del niño, ya que la imitación es uno de los prerrequisitos del lenguaje. Ellos me imitan y aprenden el objetivo de cada terapia. Así que, ser un modelo es parte de mi vida diaria, mucho más al ser cristiana y vivir como un reflejo de Cristo.

No solo los que están cerca nos miran, sino todos lo que de una manera a otra se relacionan con nosotros. Todo en la vida lo aprendemos por modelaje, alguien nos modela, lo imitamos y luego lo repetimos. Entonces, cuando ya entendamos aquello que nos modelaron y lo aprendimos, lo generalizamos y hacemos nuestra propia versión. De esta manera es que hemos aprendido todo en la vida.

Si como padres, hermanos, ministros y amigos vemos cada día a Jesús seremos más como Él.

Decidí poner por nombre a este último capítulo del libro: Legado. Porque aprendí de Jesús y de mis padres la importancia de ser un buen modelo y dejar un legado. Ellos nos dejaron un legado. Jesús siempre será nuestro mejor modelo de vida a seguir. Si como padres, hermanos, ministros y amigos vemos cada día a Jesús seremos más como Él y otros querrán comer del fruto que nuestro árbol dará. Un árbol lleno del fruto del Espíritu y una vida conforme al corazón de Dios.

Mis padres, en la madurez de la vida, comenzaron a impartir en nosotros, sus hijos, el modelaje de Jesús. De mi madre heredé el leer libros. Siempre tenía un libro en su mesita de noche y antes de dormir leía varios capítulos, oraba y se dormía. Ahora soy yo la que hace eso. Ella me lo modeló y yo lo aprendí. Muchas noches entraba a su cuarto y mis padres estaban arrodillados orando. Aún tengo esa imagen en mi cabeza. Esto demuestra que no es necesario enseñar algo directamente para que otros lo aprendan. En ocasiones, con que una persona vea lo mismo una y otra vez lo aprende por rutina o porque es la cultura de ese hogar o lugar. Por eso, debemos tener cuidado con lo que enseñamos de manera indirecta.

Ellos fueron árboles, que dieron a su tiempo *frutos.*

Si nuestro comportamiento afecta la convivencia del hogar o relaciones importantes, debemos hacer una retrospección de lo que estamos modelando. De mi padre heredé el servicio y la facilidad de hablar con las personas y hacerlas sentir cómodas. Mi padre parecía un alcalde, siempre conocía a alguien. Quien lo conoció siempre tiene algo bueno que decir sobre mi papá. Él se encargó de dar un buen modelaje, reflejó a Cristo dondequiera que iba. Su disposición, su excelencia y puntualidad lo distinguían. Era una persona con un corazón humilde y bondadoso. Ellos fueron árboles, que dieron a su tiempo frutos. Frutos que hoy día nosotros le damos a nuestros hijos.

Procuremos dejar un legado y no deudas pendientes. No hablo de lo económico, aunque es triste heredar deudas por una mala administración, sin ofender. ¿Por qué digo esto? Porque pasar un tiempo de duelo y bregar con las deudas económicas de nuestros padres o cónyuge hace el proceso más pesado. Respeto a quien se fue de manera inesperada y no pudo organizar ni ordenar su vida. Pero si hoy estás leyendo estas líneas, te invito a que seas responsable en todas las áreas de tu vida. Estas palabras me las aplico también a la mía.

Querida lectora:

Hagamos una retrospección de nuestras vidas y pensemos:

- Si mañana parto de la Tierra, ¿qué estaré dejando?
- ¿Cómo mi esposo e hijos me recordarán?
- ¿Amé y lo expresé como hubiese querido?
- ¿Luché por los sueños de Dios en mi vida o cuando los vi imposible solo los eché en el baúl del olvido?
- ¿Perdoné aquel insulto, aquella mentira, aquella infidelidad, aquellas palabras vanas que me hirieron y me las creí, aquella vez que me violaron, aquella vez que me escupió y menospreció mi cónyuge, porque no me veía como él quería, aquella vez que vi a mis hijos irse por el maltrato de su propio padre y quedarme callada, aquella vez que me quise suicidar porque no aguantaba más, aquella vez que…?

Siempre he dicho que escribir nos ayuda a desahogarnos. Si sientes que debes escribirte una carta a ti misma, con el Espíritu Santo como testigo, te motivo a que lo hagas. Pídele al Espíritu de Dios que te revele aquello que no quieres dejar como legado. Que hoy estás dispuesta a cortar con cualquier mal generacional. Que reconoces que permitiste dejar entrar a tu vida cosas o conductas que no dejarás que te atormenten más. Que ya basta de herir o tener orgullo ante aquellos que amas y que están a tu alrededor. Que hoy decides poner orden en tu vida para dejar un legado que trascienda generaciones en Cristo. Que has decidido vivir conforme Dios dice y morir cada día a ti, porque reconoces que en ocasiones tú eres tu propia enemiga al albergar en tu mente y corazón cosas que por mucho tiempo te han generado daño.

Yo quiero recordarte que escrito está en Salmos 51:17(DHH): "¡tú no desprecias, oh Dios, un corazón hecho pedazos!". Así que ve con tu carta redactada ante la presencia de Dios y recibe lo que te toca por herencia. Si piensas que lo de escribir no se te da, no importa, de igual manera ve ante la presencia de Dios. Tus lágrimas derramadas tendrán el mismo valor que las palabras.

Tiempo para redactar…

La *carta* que trascenderá

Para: ______________________

Fecha: ______________________

____

____

____

____

____

____

¡*Mujer con destino*, ya siento tu restauración, ya veo como todo en tu vida es ordenado, ya veo como tus vestiduras están siendo restauradas! Estoy viendo al Espíritu Santo recoger tus lágrimas. Veo todas esas palabras entrando en una nueva dimensión para ser cortadas y otras siendo tomadas de la eternidad y trayéndolas a este tiempo. ¡Mujer, serás otra, créelo! Dios ha tomado en cuenta tus palabras, lágrimas y declaraciones. ¡Tu legado está seguro en Él! Ya no opera más en ti lo que te hacía mantenerte estancada. Aguántate bien porque ahora serás elevada a un nivel mayor. ¡No te asustes! Papito Dios te tiene en Sus manos y bajos Sus alas te sentirás segura.

¡CREO EN TI!

Tu servidora,

Leyza Reyes